上阪 徹
Toru Uesaka

やり直し・
差し戻しをなくす
できる人の
準 備 力

すばる舎

はじめに

若い会社員の人たちと話す機会があると、私はよくこんな質問をします。

「仕事で困っていることって、どんなことですか？」

なぜこんな質問をするのかというと、私の仕事のひとつがビジネス書を作ることだからです。

私はこれまでに二〇冊以上の本を刊行してきました。

それだけではなく、経営者や起業家、評論家や大学教授、スポーツ選手などの本を著者に代わって書くことも仕事にしています。

長時間じっくりインタビューをして著者の話を本にまとめる。この仕事をブックライターと命名し、私自身もブックライターと名乗ります。ブックライターとして著書の制作をお手伝いした書籍はすでに六〇冊を超えました。

一口にビジネス書といってもいろんなジャンルがあります。

自分の本であれ、ブックライターとしてお手伝いした本であれ、私が作りたいと考えているのは読者の役に立つ書籍、読者を元気づけられる書籍です。

読者対象は多くがビジネスパーソンですから、どんなことを考えているかについて知ることは極めて重要になる。だからこそ冒頭の質問につながるのです。

ではどんな答えが返ってくるか。


「同僚や上司との人間関係に悩んでいる」

「なかなか営業成績が上がらない」

「お客さまとのコミュニケーションがうまくいかない」

「将来が不安で今に集中できない」という声……。


さまざまな課題はそのまま書籍の企画のヒントになっていくわけですが、そんな声のひとつにこんなものがありました。

「お願いされた仕事にやり直しが多い」

上司やお客さまから仕事を依頼されて成果物を提出する。
ところが上司やお客さまからのＯＫが出ない。
やむなく仕事をやり直す。場合によってはその繰り返し。
せっかく時間をかけたのに。これでいいと思ったのに。一生懸命やったのに……。
これが辛いというのです。

私は雑誌などで記事を書く仕事もしますが、若いライターの人たちから同じような相談を受けたことが何度もありました。

原稿の依頼を受けて取材をして原稿を作った。ところが依頼者である編集者のＯＫが出ない。結局、何度も何度も書き直してようやくＯＫが出た。どうしてこんなことになってしまうのか……。

私は二〇年以上この仕事をしていますが、書き直しになることは、ほとんどありませんでした。

若い頃からそうだったので、必ずしもベテランになったからというわけではないと思っています。

ではどうして私は「やり直し」の仕事をせずに済んだのか。

次第にわかっていったのは、会社員の仕事であれ、ライターの仕事であれ、**大事なことは仕事を始める前の準備にある**のではないかということでした。

フリーランスになってから私は、取材者として多くの成功者にインタビューすることになりました。

事業を起ち上げて会社を上場にまで導いた起業家。

数万人の企業のトップにまで登り詰めた経営者。

オリンピックでメダルを獲得したアスリート。

何年も連続で優勝を成し遂げたプロ野球の監督。

こうした**多くの成功者たちに共通していたこと**のひとつもまた、**徹底した準備の力**

でした。

本書は私自身の経験と、たくさんの取材経験から学んだ仕事術を**準備力**というテーマでまとめたものです。

準備の力こそやり直しを防ぐポイントです。

同時に仕事の効率やクオリティを高めてくれるのも、準備力だと思います。

準備力を高めると仕事の相手から、大きな信頼を獲得することができる。

私はそう考えています。

では、さっそく本題に入っていきましょう。

やり直し・差し戻しをなくす　できる人の準備力　目次

CHAPTER 1

仕事の目的を確認する

CHAPTER 2

仕事のターゲットを意識する

CHAPTER 3 仕事のアウトプットイメージを共有する

CHAPTER 4
仕事のプロセス／進め方を作る

CHAPTER 7
人に話を聞く――ヒアリング／インタビューの方法

CHAPTER 8 文章のプロが考える、ビジネス文書の作り方

EPILOGUE
うまくいく人は心得が違う

PROLOGUE

うまくいく人は しっかりした 準備をしている

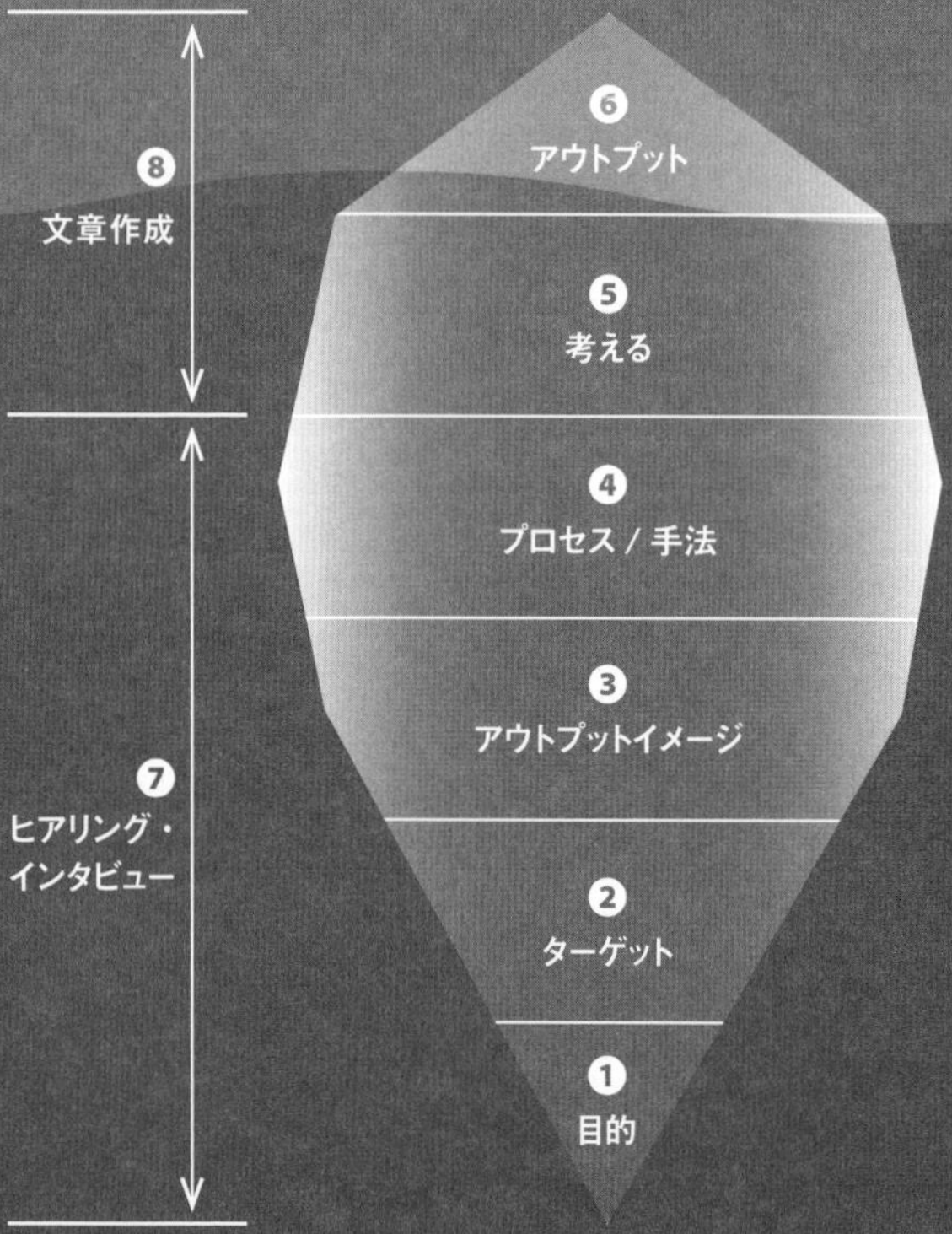

できる人ほど仕事は丁寧といわれる本当の意味

本当に幸運でありがたいことに、これまで文章を書く仕事を通じてインタビューさせていただいた方々は三〇〇〇人以上になります。

雑誌や書籍など、メディアに掲載するための取材が中心で、そのほとんどは社会的に大きな成功を手に入れた人たちでした。

こうして私が本を書いているのも、多くの成功者からたくさんの学びを得たことが大きいと思っています。

私自身は、取材を受ける立場になって、よくこんな問いかけをいただくようになりました。

「成功者の方々に何か共通していることはありましたか？」


この質問に対して私が真っ先に答えているのは、**謙虚である**ということです。

「社会的に大きな成功を遂げたりしていると、椅子の上にふんぞり返ってぶっきらぼうにインタビューに答えたりするんじゃないか」というイメージを持っている人も少なからずおられるようですが、実際にはまったく違います。

私自身の経験では、むしろ大きな成功を遂げた人ほど謙虚でいい人が多い。きちんと挨拶をされ、明るく、サービス精神旺盛に答えてくださる。


そしてもうひとつ、**丁寧である**ということです。

私は取材の前に、どのような目的、テーマ、ターゲット、内容で取材するか。どんな質問をするかを事前に書面でお伝えします。

その際、ほとんどの方は事前にきちんと目を通されているのです。

一時間ほどのインタビューであれば、ぶっつけ本番でもなんとかなるかもしれない。

でも成功者といわれる方たちは、しっかり内容を確認し、準備してくださっている。私は大手新聞やテレビのような、大きなメディアの取材でうかがっているわけではありません。

場合によってはあまり知られていないような雑誌やウェブサイトの仕事で行くこともある。それでも丁寧にきちんと対応されるのです。

どうしてそれがわかるのかというと、テーブルの上に置かれた書面にマーカーが引かれていたり、メモが書かれていたりすることがよくあるからです。

大ヒット商品を次々に展開する外資系企業の経営者は、質問ごとに詳細なテキストで文章を作られていました。

それを作るのにいったいどれだけの時間がかかったか……。しかも明らかに自分で作っていらしたようでした。

取材中、「ちょっと待ってくださいね」と文章を探されている瞬間もありました。

そこまでやっていただけているとは思いませんから、取材する側も本当にうれしい。

創業から二〇年で売上高を一五〇〇億円に成長させた経営者も、仕事の丁寧さが印象に残っています。

事業はテレビショッピング。取り上げる商品は事前に自ら徹底的に試されるというのです。そして本当の魅力を自分で語れるまでにしておく。

本番直前になって商品を差し替えることもあると語っていました。天候ひとつで、視聴者の気持ちは変わるから……。そこまで丁寧にやっているからこそ、支持は得られるのです。

著名なアートディレクターの仕事にも驚かされました。

最終的に彼らが表現するのはデザイン。そのデザインを導き出すために徹底的にロジックを積み上げる。どうしてこの色でなければならないか。どうしてこの曲線なのか。どうしてこの位置にロゴがあるのか……。

そういうことにすべて答えられるまで、クライアントと徹底的にコミュニケーションを交わし、ようやく最後にアウトプットする。美しいデザインをすればいいということではないのです。

できる人ほど本当に丁寧な仕事をしています。
それは確実に仕事の相手に伝わります。
きちんと仕事をしている人に悪い印象を持つ人はいない。
だから仕事もうまくいく。
丁寧な仕事をするためには何が必要になるのか。これがまさに準備です。
周到な準備があってのアウトプット。
準備こそが丁寧な仕事を生み出すためのカギなのです。

準備不足は時間のロスを招く

「仕事にどうしても時間がかかってしまう」という声を聞くことがあります。

時間がかかってしまうのも、準備不足という要因が大きいと私は考えています。

しっかり準備をせず、全体像が見えないまま、とりあえず手をつけてしまうから、結果的にとても効率の悪い仕事になってしまう。

私の仕事でいえば、比較的長いインタビュー原稿を作るケースがわかりやすいかもしれません。

成功者に取材をして原稿を作るとき、書き始めるまでに細かな準備を積み重ねています。それが確実に終わってからでなければ書き始めません。

そうしないと、結果的に原稿を書くのに時間がかかってしまうからです。


インタビューした後はまず、録音したＩＣレコーダーを聞き直します。

取材中もノートにメモを取っていますが、録音を聞きながら、メモに取れなかったところをペンの色を変えてノートに書き記していく。

まず一時間なら一時間の取材すべてがノートにメモできている状況を作るのです。

その上でどの内容をどこに盛り込んでいくか、構成を考えます。

インタビューした流れをそのまま文章にしても、読者にとって面白いものになるとは限りません。

読者をイメージしながら、最も面白く読める文章の流れを作る。

そのために原稿に盛り込みたい内容からキーワードを抜き出して、構成を一枚の紙に書き記していく。

キーワードが七つあれば、それを矢印を付けて順番に並べていきます。

付箋にキーワードを書き、そのキーワードが取材のメモのどの部分にあるか。内容が書かれているノートの部分に貼り付ける。

そうすることで、どのキーワードの内容が取材ノートのどの部分にあるか、一目瞭然にわかるのです。

ここまで終えてからようやく原稿を書き始めます。

書く内容、書く順番、その素材の場所がどこにあるか、すでにわかっていますから、書き始めれば早いです。

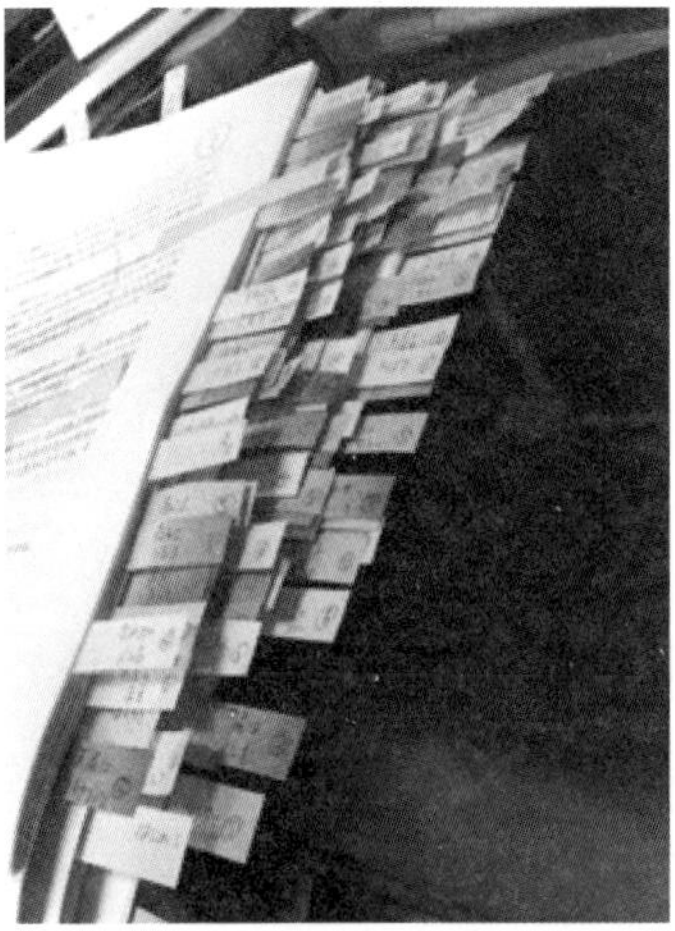

ざっと書いて、あとはボリューム調整をしていく。それで原稿が書き上がることがほとんどです。

五〇〇〇文字程度の原稿でも二時間もかからず書き上げてしまうことも少なくありません。

「やっぱり早いんですね」と驚かれることもありますが、原稿を書くのは最終段階。それまでにしっかり準備をしているからスピーディに書けるのです。

もし準備を怠っていたらどうなるか。

いきなり書き始めたら、どこにどんな素材があるのかもわかりません。そもそも、どういう順番で書けばいいのかが決まっていないので、なんとなく書き進めることになる。

そうなると「やっぱり違うな、こっちのほうがいいな」と行ったりきたりになりかねない。これでは時間がかかります。

ところが意外に「文章をいきなり書き始めてしまう人は少なくない」とよく耳にします。とりわけ普通の会社員のみなさんが、です。そんなことはプロでもやらないのです。

私は通常、構成をしっかり事前に考え、割り振るべき情報を整理してから書きます。そのほうが圧倒的に早いからです。

準備をすれば全体像を理解した上で仕事を進めることができます。これがしっかりと準備をすることの利点です。

アウトプットの前にこれをやっていないと、細かなところばかりが気になって何度も自分で修正する。時間ばかりがかかって、大きな流れが作れない。

その結果、とても効率の悪い仕事になる。

準備をしないから時間がかかるし、効率も悪くなるのです。

準備は一見、時間や手間がかかるように思えます。さっさとアウトプットしたほうが早く終えられるようにも感じる。しかし、それが落とし穴なのです。

むしろ準備にしっかり時間をかけたほうが、アウトプットに時間がかからず早く終わるのです。

面倒でも、準備をしっかりやることは、結果的にさらなる面倒を防ぐことになるのです。

やり直し、差し戻しは相互に不信感を生む

上司から仕事を指示された。できたと思って持っていったら「違う。指示したのは、こんな仕事じゃない」といわれてやり直しをさせられてしまった。

お客さまに提案を求められた。持ち帰って社内で協議して提案書にまとめていったら「求めていたのは、こういうものじゃないんだよな……」と差し戻されてしまった。

誰もが一度は経験していることだと思います。私自身にも経験があります。気持ちのいいことではありません。残念だし、悲しい。

「どうしてこうなるんだよ」と腹立たしくなる。

「相手が悪いんじゃないか」と責任転嫁もしたくなる。不信感も生まれてくる。

できれば起きてほしくない事態です。


これは仕事を提出した側だけではなく、仕事を依頼した側も残念に思っていることを理解しておく必要があります。

誰だってやり直しを命じたり、差し戻したくはない。気分が悪いから。

どうせなら一発で「お、思っていた通りのものが上がってきた。ありがとう」といいたいに決まっています。

やり直しや差し戻しは、仕事をした側のみならず、発注した側にも不信感を生んでしまいかねません。だからこの事態を引き起こしてはならないのです。


ではどうすればいいか。端的にいえば、正しい準備をしていくことです。やり直し、差し戻しは、準備不足、正しくない準備が原因だから。

どうしてやり直しや差し戻しになってしまうのか。

例えば、てっきり社内向けの書類だと思っていたら、実はお客さまに向けた書類だった。

「こんな書き方をしていたら、お客さまに失礼じゃないか」

といわれて差し戻しになる。

何に使われるのか、**目的をきちんと確認できていなかった**から、こういうことが起きてしまったのです。

目的のない仕事というのは、基本的にありません。

すべての仕事には何らかの意味があるのです。それをしっかり確認しておかなければなりません。

目的を確認するというのは、大切な準備になるのです。

もうひとつ例を挙げましょう。

発注する側は自分の上司に提出する書類を作ってもらうつもりでいた。ところが受ける側は発注した相手に向けて書類を作ってしまった。

「いや、私が見る書類じゃなくて、私の上司が見る書類なんだよ」

仕事のターゲットがずれていたということです。そうするとピント外れなものを作ってしまうことになる。

上司の上司に向けた書類にするには何が大切になるのかを、きちんと確認しなければならなかった。

誰に向けた仕事なのかをしっかり理解しておく必要があるということ。これも準備です。

あるいは別の例として、仕事を発注する側と仕事を受ける側で、アウトプットのイメージが違ってしまっている、ということがよくあります。

発注する側はA４用紙五枚に書類をまとめてほしいと思っていた。ところが、受ける側は一〇枚で作ってしまった。もうこの段階でズレてしまっているわけです。

「そうじゃないんだよ、五枚にまとめてほしかったんだよ」

後からそういわれて受け手はムッとするかもしれませんが、それはすべきではありません。

発注する側が、仕事に必要なすべての情報を与えてくれるとは限りません。そのことを「想像」して、受け手が聞いていかなければならない。その仕事に必要な要素を、きちんとヒアリングしておかなければならないのです。

聞けていなかったから、やり直し、差し戻しが起きてしまった。これはまさに準備段階における受け手のミス、と捉える。

アウトプットイメージの共有ができていなかった、ということなのです。

プロセスを省略するのは全体を知ってから

仕事には「締め切り」という約束があります。仕事において極めて重要な要素です。

私は若い書き手の方向けに講演をすることもあるので、いつも申し上げていることがあります。それは「仕事は二〇〇点満点だ」ということ。

クオリティが一〇〇点、締め切りが一〇〇点です。

仕事の発注者によって文章の好みがあるため、原稿のクオリティで一〇〇点を取るのは至難の業です。もちろんベストに近づける努力は必要ですが、そう簡単に一〇〇点は取れない。

これに比べて締め切りの一〇〇点を取るのは簡単です。締め切りを守ればいいだけだから。それだけで半分の点数を取れてしまうのです。

どんなにいい仕事をしたとしても、スケジュールを守ってもらえないのでは減点。相手の評価を大きく毀損《きそん》しかねないということ。

それだけに、スケジュール＝締め切りを優先する人は多いですが、中にはスピードを重視するあまり、必要なプロセスを飛ばしてしまう人も出てきます。

何をするかというと、時間がかかるから、面倒だからという理由で準備のプロセスを飛ばしてしまうのです。

ベテランになってくれば細かく精査しなくても、多少のプロセスを飛ばしていくことは可能になるかもしれません。

しかし、そうでないのにプロセスを飛ばしてしまうとどうなるか。たとえスケジュールを守ったとしても、いい仕事はできないということ。

もっといえば、スケジュール通りに出したとしても「こんなものを要求したつもりはなかった」と突き返され、やり直しや差し戻しの時間で、結果的にスケジュールが守れない、なんてことになりかねない。これでは発注者である上司やお客さまからの信頼は得られません。

まずは、正しい準備をする、ということを心得にするべきだということです。そうすることで、やり直しや差し戻しをしなくて済むようになる。そのリスクを大いに下げることができる。結果的に、締め切りを守れる。私はそう思っています。

本書では私自身の経験と、これまでに取材した多くの成功者の方々からの話を織り交ぜながら、私なりに定義した準備のステップを書き記していきます。それは大きく六つあります。

❶仕事の目的を確認する
❷仕事のターゲットを意識する
❸仕事のアウトプットイメージを共有する
❹仕事のプロセス／手順を作る
❺アウトプットを考える
❻仕事をアウトプットする

この六つのステップとは別に、私の仕事経験から、

❼人に話を聞く——ヒアリング／インタビューの方法
❽文章のプロが考える、ビジネス文書の作り方

について も解説していきます。

もし読者のあなたが、やり直しや差し戻しを経験していれば「なるほどこういうところで準備が足りなかったのか」という気づきが得られると思います。

また、これから仕事のクオリティや効率を上げたりするために、きっとお役に立てるプロセスがあるはずです。

それを理解することは、仕事をよくすることのみならず、仕事の発注者との信頼関係を、より強いものにすると思います。

「こんなことはわかっている」と思える項目もあるかもしれません。

しかし、自分がわかっていると思っていることと、できていることとは別です。ぜひ、謙虚な気持ちで眺めてみてほしいと思います。

私の印象では、それこそが、成功者のみなさんが意識してやっておられること、なのです。

CHAPTER

1

仕事の目的を確認する

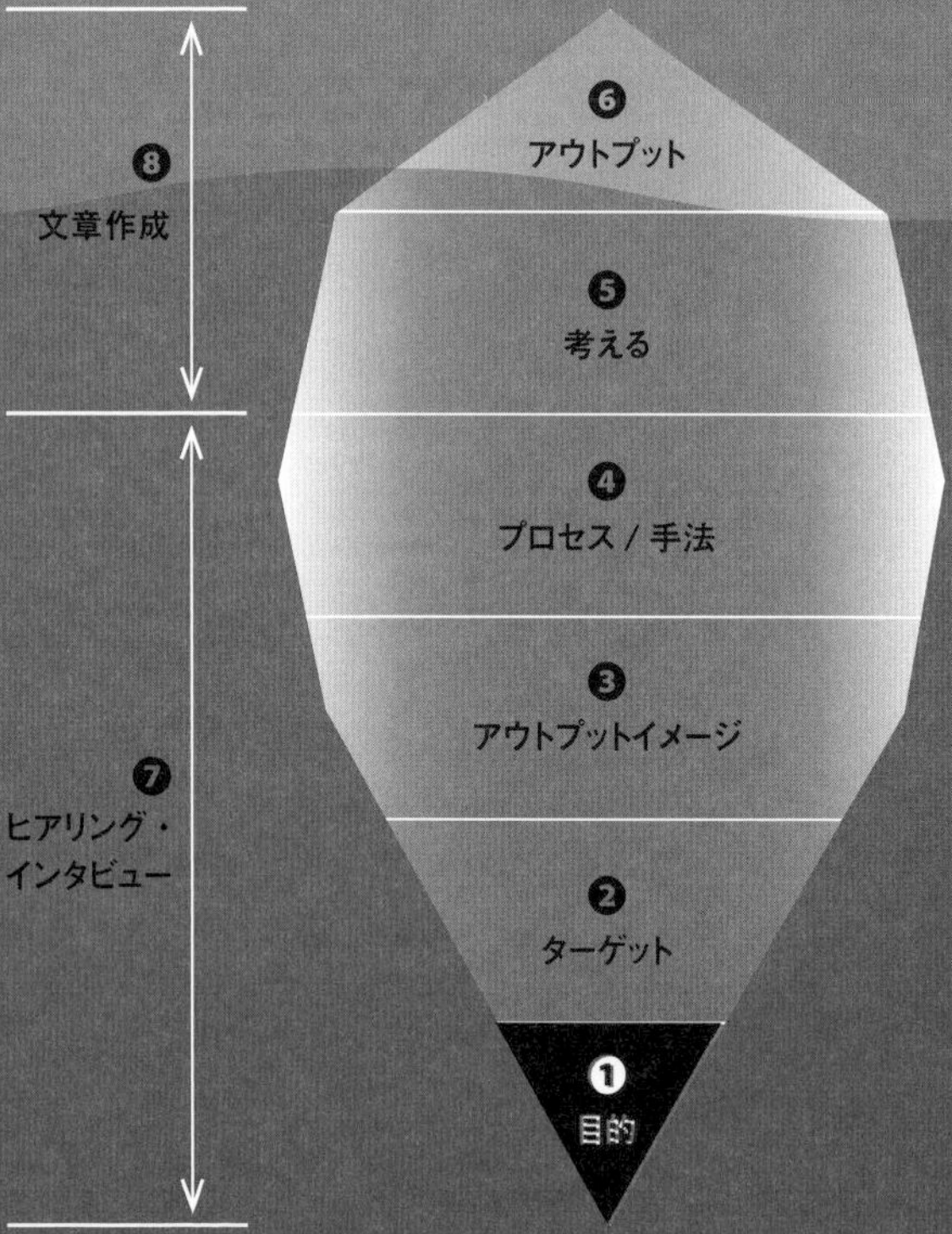

どんな仕事にも必ず目的がある

「準備」というと真っ先に思い浮かぶのは、資料作りの情報素材集めや、お客さまに提出する企画書作成のデータ収集という人が多いかもしれません。

もちろんそれも大切な準備ですが、その前に忘れてはならないステップがあります。**仕事の目的を確認する、ということ**です。仕事の準備はまず、ここから始めます。

これを怠るとピント外れな情報素材を集めてしまったり、お客さまの役に立てない企画書を作ってしまったりしかねない。

それはそのまま、やり直しや差し戻しの仕事につながっていくことになります。

例えば、上司に資料の作成を命じられたら、必ず「その資料は何に使うのか」とい

図1　ビジネスシーンでよくある、資料作成の目的例

- 部署内会議で使用する
  課題や問題点を整理して参加者の建設的な意見を求める。
- 上級管理職会議で使用する
  経営課題やその対策を検討するため、現状把握として現場の様子、売上データの推移、競合動向をまとめて報告する。
- 経営判断に直結する資料を求められる場合
  想定しうる様々な選択肢を挙げるとともに、トレードオフとなる事項、リスク、経費などを綿密に調査・算出して報告する。
- 顧客が自社の商品やサービスの購入をする際
  参考となるデータやリスク計算、予算などを調査する。

う目的を確認しなければなりません。

部内の会議で使うのか、上司がそのまた上司に提出するのか、経営会議に出されるのか。意思決定の判断材料にするのか、企画の参考にするのか、お客さまへの提出用資料として使うのか……。

一口に資料といっても、目的はさまざまです。

目的によって、同じ内容でも体裁や作り方が変わってくる。

単純に社内向けとお客さま向けでは変わってくるし、読んでもらうためのものなのか、説得するためのものなのか、保存しておくためのものなのかということでも作り方は変わる。

目的をしっかり聞いていなければ、仕事の依頼者が求めるようなものは作れないということ。これは一部の芸術活動を除けば、どんな仕事でも同じだと私は思っています。

私が手がける雑誌記事を作る仕事の場合でも、ちゃんと目的はあります。

例えば、グラビアページで著名人にインタビューをする。そこには企画の目的とその著名人が登場する理由があるのです。

今も覚えているのは、俳優でも知られる有名ミュージシャンの記事です。

読者層は六〇代が中心という週刊誌に、四〇歳を間近に控えた彼をグラビアに登場させたいという。

グラビアページはいわば雑誌の顔。雑誌に関心を持ってもらい、手に取ってもらうための位置づけです。雑誌の刊行広告でも、どんなグラビアなのか大きく告知される。

このとき、四〇歳になる彼がグラビアに出る目的は明快でした。

「彼と同年代の若い読者にこの雑誌を手に取ってもらいたい。将来の読者になりうる人たちを新たに開拓したい」というものです。これがわかっていれば、そのつもりで取材をします。その目的に合致した形で記事を作ります。

メイン読者は六〇代であっても、六〇代向けに作ってはならない。あくまで新しいターゲットである四〇代向けに、これからの応援メッセージを送るという作り方をする必要がある。

もし目的を聞かずに、ただ記事を作っていたらどうなっていたでしょうか。読者層は六〇代だから、六〇代向けに書けばいいと考えたかもしれない。そうしたら、依頼者のイメージする原稿は上がってこなかったはずです。

仕事にはすべて目的があります。目的があるから、仕事は発生するのです。ただこなすだけの仕事というものは存在しません。それは何の役にも立たないから。そもそも何の役にも立たない仕事をして報酬を得られるはずがない、ということを認識する必要があります。役に立てるからお金がもらえるのです。

目的があるなら、まずきちんとそれを確認しなければなりません。ところが、これが意外にできていない人が多い。だからやり直しや差し戻しが発生するのです。

すべての仕事は目的の確認からスタートする。

これが、ピント外れの仕事を防いでくれるのです。

理解力の深さによって目的の意味は変わる

若いビジネスパーソンに話を聞いていると「仕事が面白くない」という声が聞こえてくることがあります。ただ与えられた仕事を日々やっているだけ。どうにも手応えがない。楽しさがない……。

それは多くのケースで、仕事の目的がわかっていないからだと私は思います。

目的がわからないと仕事は単なる作業になる。時間が経過する中で、こなすだけのものになる。

外国で語られていたという有名な話があります。

道を歩いていると職人がつまらなそうにレンガを積み上げていた。一つ、また一つと、けだるそうにセメントをつけてレンガを置いていく。「何をしているのか」と尋ねてみると、こんな答えが返ってきた。

「レンガを積み上げているんですよ」

少し離れた場所に目を向けると、同じ仕事をしているのとは思えないほど、いきいきしながらレンガを積み上げている職人がいる。重いレンガも楽しそうに運び、上に載せていく。「何をしているのか」と同じ質問をしてみると、こんな答えが返ってきた。

「教会を造っているんです」

これが目的を理解して仕事をするということの意味だと思います。

外から見ればやっていることは同じでも、嫌々やっている人と、楽しんでいる人がいる。目的がわかっているだけで仕事は違うものになるのです。

私はたくさんの人にインタビューを重ねてきましたが、中でも最も多かったのが、仕事をテーマにした取材でした。

そこではっきりとわかったことは「仕事はどうして楽しいのか」ということです。結果を出して、周囲から褒められる。報奨金がもらえたり、給料が上がったりする。もちろん、こういうことも楽しいですが「実は本当の仕事の喜びはそこにはない」と語っていた人は少なくありませんでした。

仕事の喜びは誰かの役に立てること。誰かに喜んでもらえることなのです。そのことに気づけるかどうかで、仕事が面白くなるかどうかは、大きく変わっていく。私はそういう結論に至りました。

そこに頭を巡らせてみれば、仕事はまったく違って見えてくるのです。

レンガを積み上げる仕事でも「教会を造る」と聞いただけでは、まったく気持ちが入らない人もいるかもしれません。

「宗教には関心はないし、教会にも興味はない。教会を造るといわれても、自分には関係のないことだ」と思う人がいるかもしれない。

一方で、宗教にも教会にも関心がなくても、ぐっと身を乗り出せる人がいる。それは、「ここに教会ができたら、たくさんの人が集まる場所になり、そこに集まってくる人たちの役に立つことができる」と気づける人だと思うのです。

誰かに喜んでもらえるとなれば、やる気もわいてくる。それは「目的の向こう側を想像できる人」といってもいいかもしれません。

レンガを積み上げる仕事として、もらえる報酬は同じです。

目的を理解し、誰かを喜ばせると知って楽しみながら仕事をしていくか。

そんなことにはまったく関心を寄せずに、ただの作業でなかなか進まない時間の経過を待ち続ける日々を送るのか。

どちらの選択をするのも、本人次第。

目的とその先が想像できる想像力次第なのだということです。**仕事の面白さは、自分が決めている**のです。

目的の大切さを理解する例として、もうひとつご紹介します。

あるとき、SNSに興味深い投稿がシェアされていました。

あるベンチャー企業にインターンシップで働くことになった学生が、社長に名刺の整理の仕事を頼まれて憤慨した、というものでした。

学生はマーケティングの仕事に興味があって、社長のそばでマーケティングの仕事がさせてもらえると思っていた。

ところが、名刺整理のような作業を命じられたことで「こんなはずではなかった」と感じたというのです。

学生の行動、社長の行動に賛否の意見が寄せられている中、私が特に気になったのは「作業のように見える仕事の大切さが、どうにも理解されていないな」ということでした。

一見すると名刺整理は、たしかに作業のような仕事かもしれません。しかし社長にすれば極めて重要な仕事です。ビジネスにつながる人脈を管理する仕事なのです。

いうまでもないことですが社長は忙しい。ポイントは、その貴重な時間を割いて行うほどに、名刺整理の優先順位は高いのか。名刺整理をやるくらいなら、もっと別の仕事をしたほうがいいのではないか、ということです。

社長がインターンシップの学生にこの仕事を依頼したのは、インターンシップとはいえ組織の一員として働くのであれば、当然の選択だったと思うのです。

そもそも仕事は一人では完結できません。とりわけ会社員の仕事はチームで行われていきます。場合によっては、他の協力会社も含めた大きなプロジェクトで進めていくこともあります。

このとき、本当にさまざまな人たちが、チームやプロジェクトに加わります。仕事は役割分担で進んでいく。そのときどきに与えられた仕事が自分の役割です。それはすべてプロジェクトを完遂する大きな目的につながっている。

名刺管理でいえば、そのベンチャー企業を成長させる上で、社長の人脈を最大限に活かすという極めて重要な仕事になるのです。

そこには、社長の活動をより動きやすいものにするという重要な目的があるのです。それでも果たして、つまらない仕事、作業のような仕事といえるのかどうか。

会議室を予約するという仕事ひとつとってみても、必ず目的につながっています。

「どうしてオレがこんなことを……」と思う前に、どうして自分がその役割を担っているのか、に気づく必要がある。

チームの中で、あなたはそういうポジションにあるということです。

ただそれだけのことです。実際、自分よりもはるかに仕事のできる上司や先輩に、会議室の予約をさせるわけにはいかない、ということには気づけるでしょう。

それは誰かがやらなければならない仕事。だからあなたが担っているのです。程度の差こそあれ、やはり重要な仕事なのです。それは、最終的な目的にきちんとつながっているから。

こうした**作業のような仕事に手を抜かない人こそが**、**次のチャンスを手に入れる**のだと私は思っています。

目的確認に差が出る聞く力

すべての仕事には目的があると書きました。仕事の発注者は、その目的があることを理解しています。

ただし、仕事の依頼があったときに、その仕事の目的を依頼者がきっちり語ってくれるとは必ずしも限りません。

「そんなことはいわなくてもわかっているだろう」と思っているのかもしれませんし、ただ単に仕事を依頼するときに時間がなかったのかもしれません。

いずれにしても大事なのは、**仕事の目的の確認は、受ける立場のこちらがしっかり押さえておく必要がある**ということです。

若い人に話を聞いてみると「上司が詳しく語ってくれない」という声が聞こえてくることがあります。「聞きたいけれど、忙しそうだし、不機嫌になりそうなので、やめておいた」という声もありました。「お客さまに聞くのも簡単ではない」とも聞きました。

組織やビジネスにおけるコミュニケーションは極めて大事なものです。コミュニケーションの方法については多方面で語られている。

ただ、その多くは発信者を中心に考えたコミュニケーションの方法論です。

出版の世界でも、話し方、伝え方についての本がたくさん出ていて、大変なベストセラーになっていたりします。しかし、インタビューして原稿を書く、という聞く仕事をずっと続けてきた私は、**コミュニケーションの本質は話すことではなく聞くことなのではないか**、と思っていました。

どんなに話す技術や伝える技術を磨いたとしても、相手が求めていることが語れなかったらどうでしょうか。「テクニックとして上手なコミュニケーション」をいくら繰り出されても、ピント外れな内容で語られては、聞く側にとって意味はないのです。

大事なことは、相手が求めていることに応えること。それを探ることができる力だと思うのです。

それがわかって初めて、的確なコミュニケーションができる。**どうやって相手が求めていることを探るのかというと、聞くこと**によってなのです。

実際、取材でこんな話を聞いたことがあります。ある著名な方がテニスが趣味でテニスコートのついたリゾート施設の会員権に興味を持っていた。そこで全国にリゾート施設を持つ会社に連絡を取って、営業マンに来てもらうことにしたそうです。

営業マンはやってくるなり、自分たちのリゾート施設がいかに素晴らしいか、全国に展開していていろんなニーズに応えることができ、ゴルフやスキーなどさまざまなスポーツも楽しめることを力説した。

でも、その方が求めていたのはテニスの楽しめる施設だったのです。全国展開していようが、スキーが楽しめようが、そんなことは興味の対象ではなかった。

ところが営業マンは一言も「あなたが求めておられる施設はどのようなところでしょうか?」と聞いてくれなかった。

結局さっさと営業マンにお引き取り願い、そのリゾート施設との関わりは断ってしまったといわれていました。

私の経験でも、優れた営業マンは聞く力が優れていると思います。

トップセールスにもたくさんインタビューをしましたが、意外にも饒舌な人はいませんでした。みなさん何となくおっとりしていて、むしろ聞き上手な印象でした。

相手が求めていることを聞き続ける。そして相手が欲しいものを提案すれば、売れる確率は間違いなく高まります。

仕事を受けるときには聞くことを強く意識する。相手が求めているものを、いかに引き出せるか。それが、やり直しや差し戻しも防いでくれます。

実際には**依頼者の目的がぼんやりしていること**もあります。

そういうときには、**一緒になって目的をはっきり定めていく**ことです。

目的がぼんやりしているというのは、何が求められているのかがはっきりしていないということです。それでは求められる仕事はできないのです。

聞かれることで安心感、信頼感を生み出す

私は同年代の友人に企業の課長、部長職が多いのですが、ときどきこんな話を聞くことがあります。

「特に若い社員に多いが、いわれたことをそのまま受け入れるだけで、しっかり聞くことをしない」

先に、若い人には「上司が語ってくれない」という不満があると書きましたが、実は上司の側には「部下が聞いてくれない」という不満があるのです。

その理由は、聞いてもらうことで安心できるから。「ああ、ちゃんとわかっているんだな」と確認できるからです。

逆の立場に立ってみるといいと思います。

何かお願いごとがしたいと思って誰かに話をするとき、相手は、ただ一方的に話を聞いているだけ。そんな態度について自分ならどう感じるでしょうか。


「本当にコイツはわかってくれているのか」

「細かなところはちゃんとできるのか」

「やる気が本当にあるのか」……。


そんなふうに思われても仕方がないと思うのです。

先に聞き上手の営業マンの話をしましたが、どうして聞き上手が売れるのかというと、聞かれていることによって安心感や信頼感が生まれてくるからです。


「ああ、この人はちゃんと自分について理解しようとしてくれている」

「自分をちゃんとわかった上で、提案してくれている」

「売りたいものを押しつけるのではなく、自分が求めるものを聞いてくれている」

そんな思いになれるからだと思うのです。

逆に売れない営業マンは、相手のニーズそっちのけで、自分が売りたい商品だけを押しつけようとする。それでは売れるはずがない。欲しくもないものを買ってくれる人はいません。

仕事を受けたとき、相手が求めるものを聞く意識を持つことは、相手の安心につながるのです。自分が求める仕事をしようと思ってくれていると感じることができる。こうした信頼感が新たなチャンスも切り拓いてくれると思うのです。

あるＩＴ企業を起業した経営者は、キャリアを大手銀行からスタートしていました。配属が決まり、最初に先輩から命じられた仕事はコピー取りでした。見ればフロアのあちこちで同期の社員が同じようにコピーを頼まれています。

みんな「なんだよ、コピーなんて」という表情です。

コピー取りではなくバリバリ仕事がしたいと思って入って来ている。「こんな作業のような仕事なんて」と思っている。

同期の誰もがふてくさる中で、後にＩＴ企業の社長になる彼は、仕事を楽しんでいました。

コピーを頼まれた先輩に、何のためのコピーなのかをいつも聞いていたからです。目的を聞き、それに最も合致させるコピーを取ることを心掛けていた。

両面コピーがいいか、縮小がいいか、ホチキスで綴じるのか……。丁寧さが重視なのか、スピードが重視なのか。聞くことで、自分なりの工夫を生み出していたのです。

そんな彼を先輩たちはよく見ていました。コピー機に並ぶ同期から真っ先に抜け出したのが彼でした。「こいつはちゃんと聞いて、自分で判断できる」という評価を受けたからでしょう。信頼を得て次のチャンスを手に入れることができたのです。

こんな話をしていた外資系金融の元トップもいました。

彼は大学院で金融を学び入社した。ところが最初の仕事は顧客へのレターの袋詰めだったのです。金融知識を活かしてバリバリと仕事をしようと思っていたのに……。

そのとき彼の外国人上司は、こういったそうです。

「君はいずれ、人をマネジメントする仕事をしなければならない。レターの袋詰めの仕事が理解できていない人間に、その仕事のマネジメントができると思うかね」

彼は現場で働く人たちに、うまく仕事をするためのやり方や方法論を、とにかく聞いて回ったそうです。

その後、異動したあらゆる職場で、それを繰り返したと語っていました。結果として幅広いスキルを高めていくことに成功します。そして「聞く」ことで、職場の信頼も得ていった。彼は後に日本人初のトップにまで登り詰めました。


ただいわれたことをやっているだけでは、得られることはたかが知れています。自ら身を乗り出し、聞く意識を持つことです。

仕事の目的は何なのかをしっかり尋ねる。その意識を持っていれば、次章以降で解説するターゲットも、アウトプットイメージも、プロセス／手順も、自然に聞けるようになっていきます。

仕事は、聞くことから始まるのです。

まとめ　CHAPTER 1

☑ 準備の第一ステップは、**仕事の目的を確認する**こと。
例えば、上司や顧客に資料の作成を命じられたら「その資料は何に使うのか」を必ず上司や顧客に確認する。

☑ 目的の確認を怠ると、ピント外れな情報素材を集めてしまったり、お客さまの役に立てない企画書を作ってしまったりしかねない。それはそのまま、やり直しや差し戻しにつながる。

☑ 仕事の発注者は、目的があることを理解している。
しかし、仕事の依頼があったときに、その仕事の目的を依頼者がきっちり語ってくれるとは限らない。

☑ 仕事の目的は受ける立場のこちらが、しっかり聞く必要がある。
相手の求めに応えるため、目的を聞く力が必要。

CHAPTER

2

仕事のターゲットを意識する

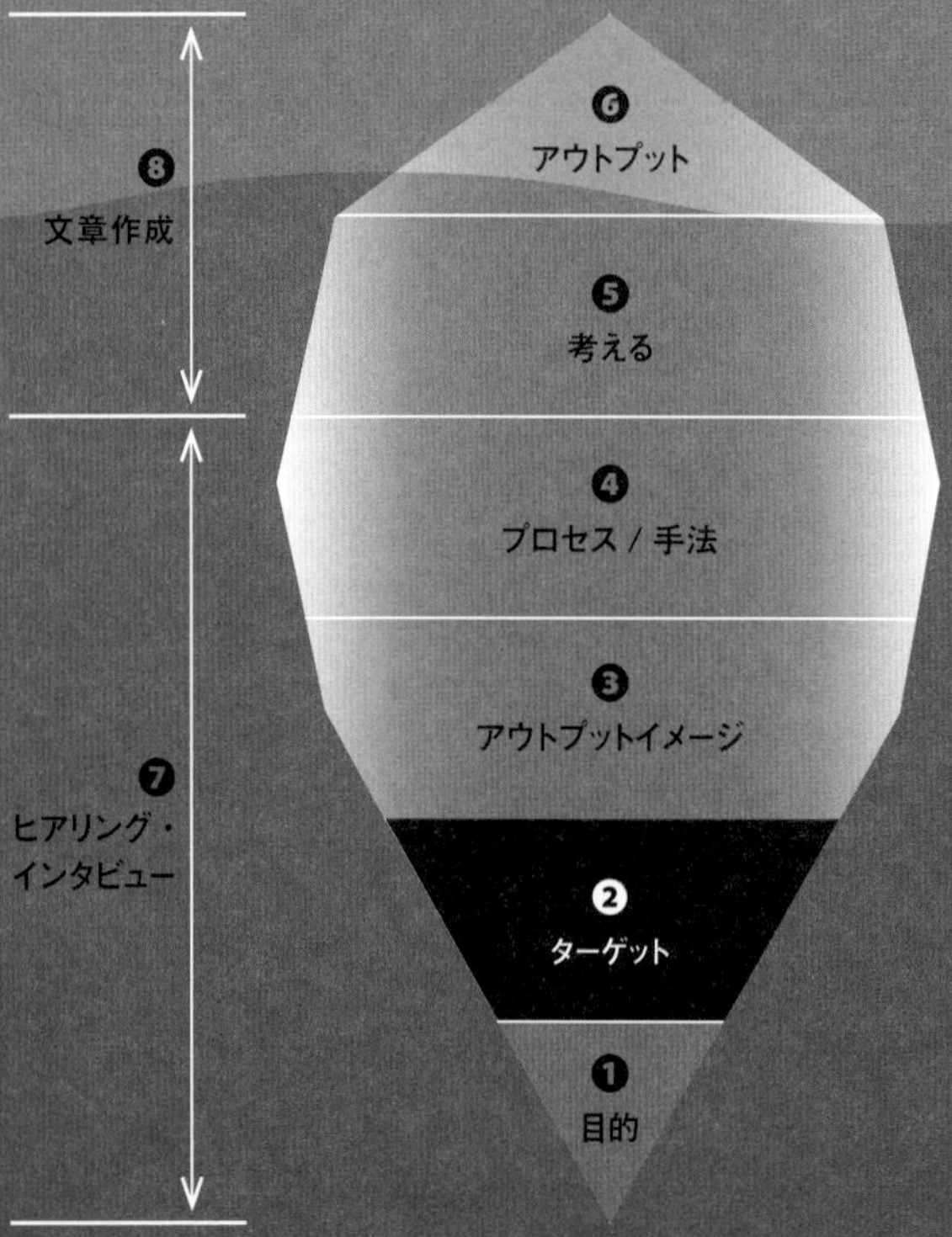

発注者の向こうにいるターゲットを意識する

準備のプロセスのうち、目的に続く次のステップは、**ターゲット**です。**その仕事は誰のためのものなのか、相手を意識する**ということです。

仕事は発注者から出るので「ターゲットとは何のことか」と思われるかもしれません。

しかし、気を付けなければならないのは、**発注者から仕事が出ているからといって、発注者が仕事の対象ではないというケースがよくある**ということです。

私の仕事である書籍の制作で考えてみましょう。

図2　発注者と受け手、ターゲットの関係

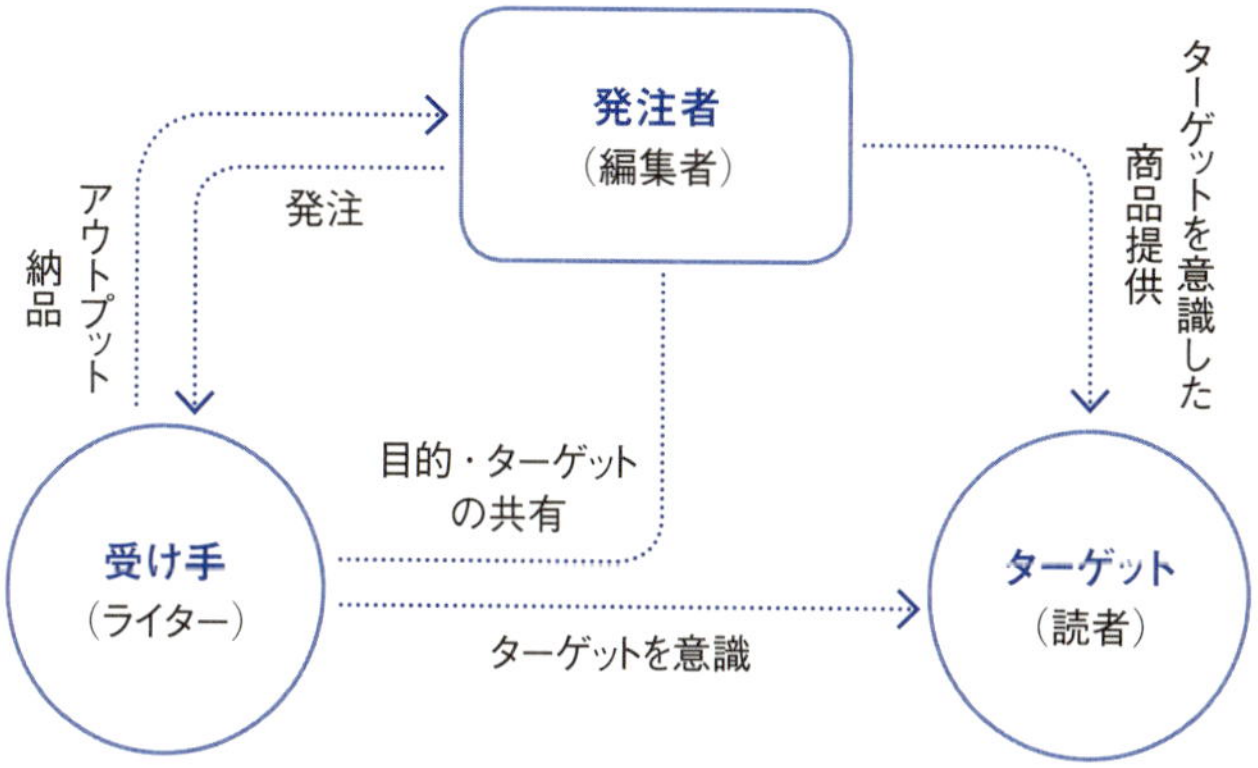

本を作る際には、基本的に出版社の編集者から依頼がきます。

何を書くかということについて、その段階でテーマがはっきり決まっていることもありますし、テーマがぼんやりとしていることもあります。後者の場合は、打ち合わせをして企画を詰めていきます。こうして依頼を受けて本づくりに入っていく。

では私は誰のために仕事をしているのか。

もちろん出版社の編集者のために仕事をするという意識もあるわけですが、実際のターゲットは読者です。

読者の役に立つ本。読者にとって面白いと思ってもらえる本。読者に支持してもらえる本。そういう本を作ることが大切だと思っていますし、本づくりの目的だと思っているのです。

雑誌の記事を書くときも同様です。雑誌の担当編集者から依頼がきますが、原稿は読者のために書きます。そのために担当編集者とはじっくり話をします。

今回の記事の企画の目的は何か。どうすればその目的は果たせるのか。読者にいかに支持してもらうかという話です。


ときどき若い書き手の方と話をしていて「どうにも話が合わないことがあるな」と思うのは、仕事のターゲットがずれていることです。

読者のためではなく、仕事を発注してくれた編集者のＯＫが出る原稿を作ろうとしてしまう。これは間違っていると私は思っています。

「依頼者のためではないのですか？」と不思議に思われることもありますが、実際おかしいことではありません。

編集者の仕事とは何か。書き手にＯＫをすることではないのです。ズバリ読者に支持してもらうことです。読者に面白い、役に立つと受け入れてもらうこと。

結果的に雑誌が売れたり、本が売れたりすることが編集者の仕事の目的です。

これは私がやろうとしていることと同じ。もちろん仕事の依頼者である編集者とじっくりコミュニケーションはしますが、極論すれば編集者のために仕事はしない。読者のためにするのです。

逆に編集者のために仕事をして、どんなに気に入ってもらえたとしても、読者の支持が得られなかったとしたらどうでしょうか。

編集者は目的を達成することはできない。これでは本末転倒の仕事になってしまう。

他の仕事でも同じです。先の例で「編集者」の部分を「上司」に置き換えてみるとわかりやすいと思います。

仕事の本当の相手は、発注者とは限らない。本当の仕事のターゲットはどこにあるのか。しっかり見極める必要があります。

そうでなければ、やっぱりピント外れの仕事をしてしまうことになりかねない。

仕事のターゲットを意識する。本当のターゲットは誰なのかをしっかり認識する。

ここを間違えない。準備において極めて重要なステップなのです。

依頼者には向き合うのではなく、隣に座る意識

ターゲットを意識して仕事をするとはどういうことか。書籍や雑誌記事の制作を例に説明しましたが、これは一般企業のセールスなどでも同じです。

私はかつてリクルートで採用広告制作の仕事をしていましたが、取材などでよく営業マンと同行することがありました。

このとき、優秀な営業マンはすぐにわかりました。

ビジネスの窓口となる顧客の人事担当者を見ているのではない。その向こうにあるターゲットを見ていたのです。

採用広告の対象者である学生、転職を考えているビジネスパーソン。

さらにいえば人事担当者の上司、人事担当役員、経営トップ。彼らが納得しなければ、人事担当者が思うような採用プロジェクトは推し進められないからです。

その様子を見ていて思い浮かんだのが、**できる営業マンのスタンス**でした。

向かい合って座っているという印象ではないのです。

隣に並んで座っている。そして、お客さまと一緒になってターゲットについて頭を巡らせているのです。

課題は本当のターゲットが握っています。

その課題の解決策を、担当者と一緒になって考えるという意識で仕事に向かっていく。こういう関係になると、取引先の担当者はお客さまというよりも、同じゴールに向かって一緒に戦う「同志」という関係になります。

こうなれば、相手側担当者とのリレーションシップもうまくいく。担当者が目的を達するにあたって、こちらが支援者の立場だと気づくことができるからです。

実際、こんな関係性を作れている営業マンは、大きな実績を出していました。

これは、セールスの仕事だけではないと思います。

例えば、上司に資料作成を命じられた。その目的を上司と一緒に目的をクリアしていく、という関係になればどうなるか。

上司と向かい合って仕事をするのではなく、上司の隣に座って、一緒にターゲットに向かって仕事をしていけばいい、ということになるのです。

本づくりも同様です。私はいつも編集者と打ち合わせをするとき、向かい合って座っていても、隣に座っているイメージで捉えています。

編集者は相対する関係ではない。一緒に読者に向かって、いい本を作るための同志なのです。

本当のターゲットが誰か、ということに気づければ、このスタンスで仕事ができる。そしてこれは、とても心地よいものです。同じ目的に向かう、仲間になれるのですから。

上司を向いて仕事をしない

どうして仕事の準備ステップのキーワードに、わざわざターゲットを持ってくるのか。実はこれには理由があります。ターゲットが見失われてしまうことが、仕事ではたびたび起こるからです。

しかも、その先には、会社を揺るがすような危機が待ち構えていたりもする。そんなことに巻き込まれたりしたら、会社員人生はきわめて厳しいものになりかねません。

典型的な例は、上司のために仕事をしてしまうということです。ターゲットは別にあるのに上司の顔色ばかり気になってしまう。上司のＯＫが欲しくて仕事をしてしまう。そうすると、本来のターゲットからずれた仕事になってしまうのです。

上司が仕事の依頼者の場合は、特にこれが起こりやすくなります。やり直し、出し戻しは避けたいので、上司が求めるものに無条件に反応してしまう。もちろん上司の要望を聞くことは大切です。それを理解していなければ、上司のOKはまずもらえないでしょう。しかし上司ばかりを見ていると、本来のターゲット意識を失ってしまいかねません。それは結果的に上司にもプラスにならない、ということに気づいておかなければなりません。本来の目的を遂行できていないからです。

これがさらに進んだら、どうなるか。とにかく上司が気に入るものを。とにかく上司が欲しいものを。どんどんエスカレートしていって、最後は上司の都合のいいものに、ということになってしまいかねない。

過去、社会的に評価を受けてきた会社の不祥事が、何度も報じられました。つい最近も、大企業で決算の数字に疑義が持たれる粉飾まがいの事件がありました。決算報告なら本来のターゲットは投資家であり、社会であったはずです。そこに対して自分たちの都合がいいように数字を調整してはならないというのは、少し考えればわかるはずです。ところが、それが忘れられてしまった。上司だけを見てしまったからです。

不祥事まで行かなかったとしても、上司のために仕事をしようとしてしまう危険は常につきまといます。

「やり直しが面倒だから、とにかくいわれるままにやればいいや」

これは結果的に上司も自分も含めて、ひどい状況を作ってしまいかねない。

ある精神科医に取材したとき、こんなことを教えてもらいました。大きな不祥事も、小さな誘惑に負けることから始まるのだそうです。「この程度なら」という小さな揺らぎが、やがてはどんどん大きな揺らぎへと変わっていく。小さな揺らぎに負けないためにも、常に本当のターゲットを意識していくことが大切なのです。

上司のために仕事をしているのではない。その先に本当のターゲットがいるということを意識していくことです。消費者であり、投資家であり、社会でしょう。その役に立つために企業は存在しているのですから。

そもそも仕事の目的は、上司を満足させることではありません。ターゲットを満足させることなのです。当たり前のことです。ただ、こういうことが日々、忙しい中でどんどん忘れ去られていく。だからこそ、意識づけをしておくことです。「本当は誰のための仕事なのか」に常に立ち戻る。

その姿勢が結果的にみんなをハッピーにするのです。

ほんの少しの気遣いで差が出る

仕事の準備でどうしてターゲットを意識するのか。もうひとつの理由は、「違い」を生むからだと私は思っています。

情報化がどんどん進んで、特定の人間にだけしか見られないような情報というものはますます少なくなってきています。そうすると仕事のアウトプットには、大した差がつかない。

インターネットのない時代は、情報自体に大きな価値がありました。貴重な情報を取りに行くスキルも問われました。それが仕事の成果を大きく左右しました。

ところが今では誰でも目の前のパソコンや端末から、簡単にいろんな情報が取れる時代です。こうなると情報自体にはそれほど価値はなくなった。

もちろん、情報をどう捉えるかという感性は重要になりますが、昔ほどアウトプットに大きな差は出なくなっている。

では、ここで仕事を左右するものは何かというと、とても小さな差だと思うのです。

そのひとつが、**どれだけ細やかに仕事相手のことを見られるか**、ということです。

いい換えれば、気遣いであったり、心配りであったり、実のところこういったもので評価が大きく変わったりする。だからこそ、ターゲットを意識しておくことが重要になります。ターゲットを知ることで、気遣いや心配りがしやすくなるからです。

こんなことを語っていた秘書職の女性がいました。

彼女はたくさんの書類作成を行っていますが、会議資料ひとつとっても、必ずターゲットを意識するというのです。

目的はもちろん、誰が出席者になるのかを理解しておく。そうすると、準備しておかなければならないことがイメージできる。例えば、社長クラスの集まりと会長クラスの集まりでは、資料づくりは異なるのです。

何が違うのか。資料の文字の大きさです。社長世代なら六〇代ですが、会長世代となると七〇代。視力の衰えを考えれば、文字はできるだけ大きいほうがいい。ほんの小さなことかもしれませんが、受け取る側にはストレスはなくなります。わかる人には、間違いなく評価されるはずです。

私自身、記事を書いたり本を作ったりするときには、ターゲットである読者を強く意識しますが、だからこそ、できることがあります。読者ターゲットに合わせて、文章を変えていくことです。

二〇代の若い人向けの文章と五〇代の中高年向けでは、求められる文体もリズムも違う。それを書き分けるのは、ターゲット意識をしっかり持っているからです。

私のキャリアのスタートは、アパレルメーカーの営業職でした。わずか一年半でしたが、この経験はとても貴重でした。

ここで教わったのが、ターゲットを徹底的に想像することであり、気配り、気遣いを強く意識することでした。

単純な話ですが、顧客となる店舗に来客が多そうな時間には絶対に電話をしたり、訪問したりしませんでした。こういうことを徹底して教えられたのです。

そして、本当のターゲットは最終消費者だということ。最終消費者に買ってもらえなければ、店舗からの商品受注が増えることはない。だから、一緒になって最終消費者に向き合ったのです。

ちなみに私は今でも、月曜の午前中と金曜の夕方に、仕事の依頼者に電話をしたりメールをしたりすることは余程のことがない限りありません。ほとんどの人にとって、週の始まりと終わりは、最も忙しい時間帯だからです。

「たったそれだけのことか」と思われるかもしれません。でもこれができない人が意外に多いのです。そして、そうした気遣いがわかる人は、よくわかっているのです。

相手のこと、ターゲットのことを、どれだけ意識できているか。

それは、行動の一つひとつを、変えていくことになるのです。

ターゲットを満足させることが仕事の成功

ターゲットを意識しておくことは「本当の仕事の成果とは何か」を理解する上で、極めて重要になると私は考えています。

本当のターゲットを満足させることが、仕事の成功だからです。

ターゲットを満足させられなかったら、表面的にうまくいったように思えても、成功とはいえない。

例えば、セールスマンの成功とは何か。売上を上げるというイメージが強いと思いますが、私はそうではないと思っています。

仮に大きな売上を獲得することはできても、お客さまの評価はさんざんだったという営業の仕方を果たして評価できるでしょうか。「もう二度と買わない」といわれるようなやり方でも、数字だけを出していればいいのでしょうか。

営業の成功を「ただ売上を上げること」という定義にしてしまったなら、こういうことが起きかねない。「結果さえ出していればいいんでしょ」ということになる。ターゲットの満足はどこかに飛んでいってしまうようなことになりかねないのです。

あるトップセールスマンにインタビューしていて、興味深い話を聞くことができました。彼は数字を追いかけていなかったのです。

最終的に出てくる数字は、あくまで結果に過ぎない。大事なのは自分ができることをいかにやるか。お客さまのために、全力でやるべきことをやるということ。それをやっていれば、必ず数字はついてくるというのです。

逆に数字を先に追いかけようとすると何が起きるか。「無理をしてしまうことになる」

と彼はいっていました。

お客さまの満足より先に、売上を追求してしまう。それでは結果的にうまくいかない。なぜなら長期間にわたって信用を獲得することができなくなるからです。

短期的な数字を無理に追いかけるようなことをしないためにも、ターゲットの満足をゴールにしなければならないのです。


私の仕事の場合も同じです。本づくりのターゲットは読者です。このとき、陥りやすいのは「売らんかな」という気持ちが大きくなってしまうことです。

できるだけたくさん売れたほうが、もちろんいいに決まっています。出版社の売上にもつながるし、私の報酬にもつながります。

しかし、読者の満足をほったらかしにして、「本を売ろう」という意識に向かったらどうなるか。果たして本当に成功を生み出すのか。

そもそも、すべての本に、大きなヒットを狙えるような大きなマーケットが存在するわけではありません。特定の読者に確実に喜んでもらえる小さなマーケットの本もある。それを無視して売ろうということだけを考えたら、本当に読者のための仕事ができるかどうか。

私が常に考えているのは、本を買ってもらった読者に、確実に満足してもらうこと。「この本を買ってよかった」と思ってもらうこと。そういう本を作ることです。

仕事では、短期的な見栄えに、どうしても頭が向かってしまいがちです。

そうではなくて、本来のターゲットを満足させることを考えなければならない。そのためにも、準備の段階でターゲットを強く意識しておくことが意味を持つのです。

ターゲットを意識すれば、ターゲットについて考えるようになります。どうすれば満足させられるのかというイメージを膨らませることになります。

これが、ターゲットの満足に近づく。本当の意味での、いい仕事につながっていくと思うのです。

本当は誰のための仕事なのか。依頼者が必ずしも仕事のターゲットではない。

仕事をするときには、常に誰がターゲットなのかを考えること。

仕事の依頼者と一緒に考えていってもいい。

それができていれば、仕事は間違いなく、正しい方向に進んでいきます。

まとめ　CHAPTER 2

- 準備の第二ステップはターゲットの確認。その仕事は誰のためのものか、相手を意識するということ。

- 仕事の本当の相手は発注者とは限らない。仕事のターゲットは誰なのかをしっかり見極める必要がある。そうでなければ、ピント外れの仕事をしてしまうことになりかねない。

- 依頼者と向き合うのではなく、隣に座る意識がポイント。

- 仕事を左右するものは小さな差。そのひとつが、気遣い、心配り。そのためにもターゲットを意識しておくことが重要になる。

- ターゲットを満足させることが、仕事の成功。

CHAPTER

3

仕事のアウトプットイメージを共有する

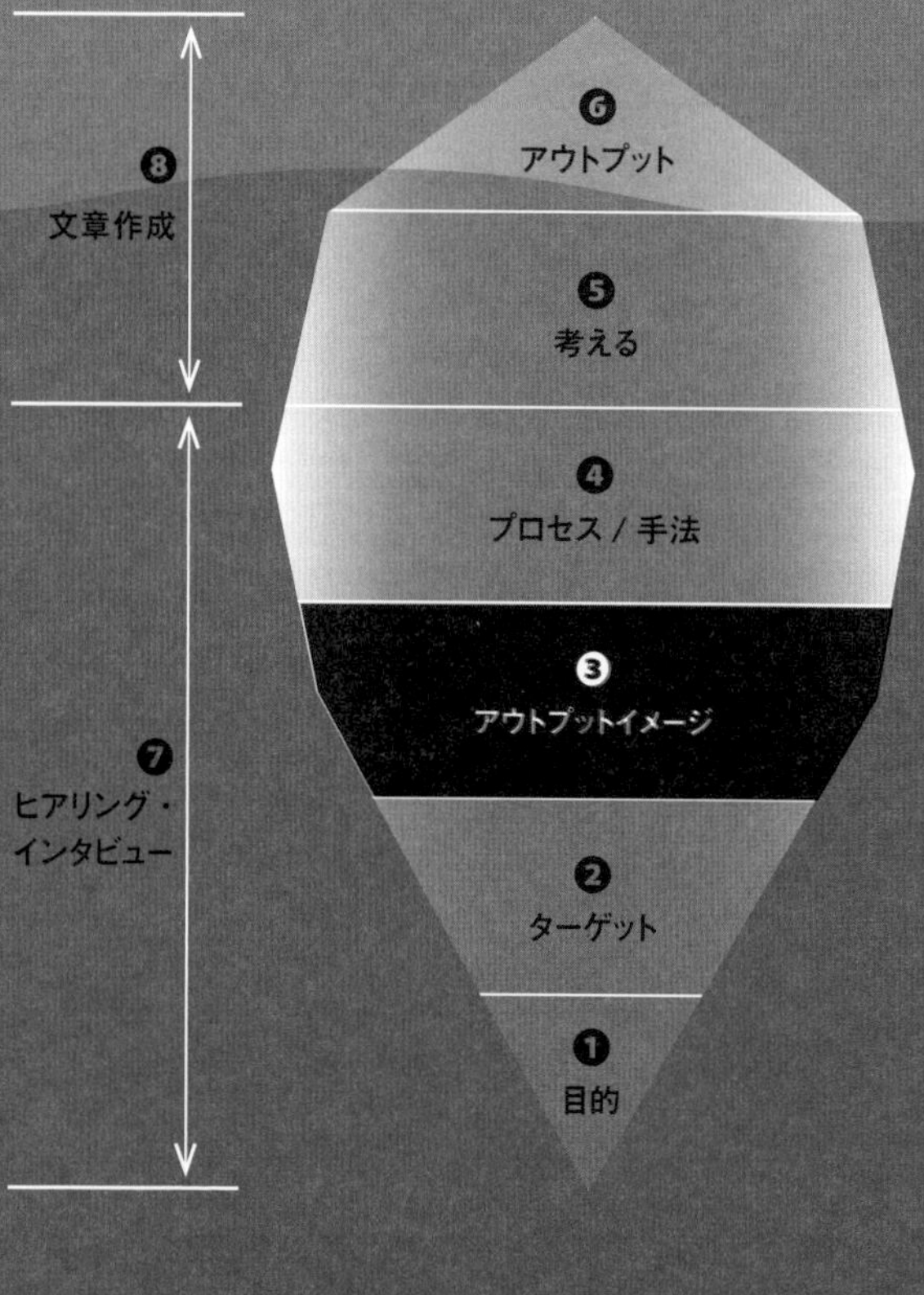

アウトプットイメージを持つ意味

準備ステップの三つ目は、**アウトプットイメージを仕事の依頼者と共有する**ことです。

アウトプットイメージとは、最終的な仕上がりのイメージのこと。これが依頼者と受け手との間でずれていたら、仕事はうまくいきません。

依頼者から、やり直し、差し戻しが命じられることになってしまいます。

例えば課長から「部長と相談するためにデータのまとめがほしい」と書類づくりを命じられたとします。頑張って取り組んで提出したところ、課長の顔はすぐれない。

「こんなに細かいものを求めていたんじゃないんだよ。もっとざっくりでよかった。しかも時間がかかりすぎだよ」

課長が求めていたのはA4用紙一枚程度のもっと簡単なものでした。ところが、受け手のアウトプットイメージは違っていた。A4用紙で五枚もあるような、もっと細かなものだったのです。

もし最初から「A4用紙で一枚程度」というアウトプットイメージが理解できていれば、時間もかからずに課長が求めるざっくりしたものを提出できたでしょう。しっかりアウトプットイメージを共有しなかったために、こういうことが起きてしまったのです。

ボリュームの問題だけではありません。プレゼン用のスライドを作るにしても、どんな雰囲気のデザインにするのか共有ができていなければ「こんなイメージじゃなかったんだよな」ということになってしまいます。

イベントの会場探しのような仕事でも同じです。どんな場所、どんな雰囲気をイメージしているのか。価格帯はどうか。収容人数はどうかなどのすり合わせが必要です。

商品企画などのアイデア出しでも同様です。「とにかくどんなアイデアでもアトランダムに出せ」ということでなければ、どんなものを出してほしいのか、アイデアのイメージを依頼者は持っているはずです。口頭でいいのか、書面で出すのか。アイデアだけでいいのか、企画書まで付けるべきなのか。成果物の出し方もしっかり確認しておかなければなりません。

基本的に仕事の依頼者は、仕事を出すときに「こんなものが上がってきてほしい」というイメージを持っているはずです。そうでなければうまく仕事を出すことができません。

そのイメージをしっかり聞いておくことです。

これが意外にできていない、もしくは理解が浅いことが多いのです。

仕事の依頼者にすれば「このくらいはいわなくてもいいだろう」と思っている。受け手は「きっとこうだから、大丈夫だろう」と思い込んでしまう。ところが双方の描いていたアウトプットイメージは、まるで違っているものだったりするのです。先にも書いたように、仕事の依頼者は、受け手側が黙っていてもすべてを語ってくれるわけではない。こちらから聞き出す意識を持っておく必要があります。

そして正しく共有されているのを確認するためにちゃんと時間を使うことです。面倒でも、アウトプットイメージを確認する時間を取ったか取らなかったかで、やり直し、差し戻しの無駄な時間を取らずに済むようになるのです。

もし、**仕事の発注者のアウトプットイメージがぼんやりしていたなら危険**です。これは、**仕事のゴールが見えていない**ことを意味しているから。そうなれば依頼を受ける時点で、一緒に作り上げ、固めて、共有していく必要があります。

図3　ビジネスシーンでよくあるアウトプットイメージの例

- 全体の分量
  求められているボリュームはどの程度か。
  配布、コピーする人数や範囲は、どの程度か。

- アウトプット（成果物）の形態
  アイデアや意見など口頭でよいか。書面での提出が必要か、
  企画書や目論見書にまで落とし込むか。
  パワーポイントなどの講演資料としての体裁が求められるか。

- 文章や内容のレベル
  基本的な事象から説明する必要があるか、専門的な説明でも問題はないか。

- 客観データのみか、分析をつけたレポートか
  現状把握や判断のための客観データを整理するだけでよいのか。
  分析して解決策までを提示する必要があるか。

- デザインやテイスト
  提出物のデザイン、テイストなどについては要求指示があるか。
  最終評価者の好みや判断に対して有利になる要因はあるか。

- 機密保持や注意事項について
  情報の機密コードや開示についてのルール設定はあるか。
  成果物を配布するにあたり配慮すべき点はあるか。
  成果物の複製をどこまで許可するか。

イメージ共有をよりうまくやるポイント

私の仕事でも、アウトプットイメージの共有は必ず行います。

例えば雑誌の仕事。グラビアであれば、どんな写真がどこに入ってくるかで書き出しをはじめとした文章の構成は変わっていきます。

誌面のデザインがどんなレイアウトになるのか、ラフスケッチをもらったりすることが少なくありません。

文字だけの原稿を提出する場合にも、アウトプットイメージの共有は行います。

ここで重要になるのがテーマ設定であり、タイトルです。それが大きな方向性であり、アウトプットイメージを象徴するものだからです。

テーマやタイトルがなければ、何を書いていいのかわからない。多くのケースではだいたい大きな流れで、どういう内容になるのかということをすり合わせていきます。

原稿を書き始める前にざっくりした内容や構成について伝え、方向にお互いのずれがないかしっかり聞いておく。仕事の途中段階で確認するのも有効です。

本の場合、アウトプットイメージといえば、目次案ということになるでしょう。おおよそ本の内容がどういうものになるか、全体像を理解するのは、目次を見ると一目瞭然だからです。

あらかじめざっくりと打ち合わせをして、私が細かな目次を作り、提出して編集者からコメントをもらう。それを反映させた目次に修正して、原稿を書き始める。

本によっては細かな目次の前に、大きな章立てだけを提出して、そこからやりとりを始める場合もあります。

いずれにしても、アウトプットイメージの共有は必ずやります。大きな枠組みの確認といい換えてもいいでしょう。

もし本づくりでアウトプットイメージがずれていて、書き終えた後「いや、こんなイメージじゃなかったんですけど」などということになったら、大変なことになります。本一冊でおおよそ一〇万字。そんなに簡単に修正できるようなボリュームの仕事ではないからです。

したがってアウトプットイメージの確認はかなり慎重に行います。そうでなければ後々、お互いが困ることになるのです。

アウトプットイメージの共有は、仕事の依頼時に口頭でやりとりすることがほとんどですが、よりイメージを統一させるための方法があると思っています。

ひとつの例として、ビジュアルを活用する方法です。

資料を紙に落としてアウトプットにするのであれば、ラフデザインをざっくりと紙に書いてみる。図やグラフ、表などを書きながらやりとりしていく中で、文字の大きさや書体なども確認する。

ちょっと手間を加えるだけで、アウトプットイメージの共有のレベルは大きく高まります。イメージの共有は意外に簡単なことではありません。できるだけ丁寧にやることで、「こんなはずじゃなかった」を防ぐことができます。

私の個人的な経験からいうと、アウトプットイメージがしっかりできている発注者は、依頼時にうまくそれを共有ができる人だという印象があります。

どうすればアウトプットがうまく共有できるか、きちんと依頼者として意識している、ということでしょう。

そのためにも、受け手の立場でいるとき「こんなふうに依頼者がいってくれるといいのにな」という思いを大事にしておくことです。

そうすれば仕事を依頼する立場になったとき、やり直しや差し戻しを命じなくて済むようになるアウトプットイメージが、伝えられるようになるのです。

あくまで共有のためにサンプル、類似物を探す

アウトプットイメージ共有をさらに深いものにする方法がひとつあります。実物を一緒に見るということです。

もちろん仕事を依頼される段階ですから、アウトプットはまだなく、実物があるはずはないのですが、実物に近いものを共有するのです。

イメージを共有できるサンプルであったり、似た雰囲気のものであったりという、リアルに参考になるもの、見本になるものを一緒に見る。こうすることでアウトプットイメージはかなり揃えやすくなります。

もし書類を依頼されたとき、過去に同じような書類があったらどうでしょうか。

Ａ４一枚でざっくりとデータをまとめたポイントが書き記されている。「こんな感じだよ」と渡される。これなら一目瞭然だと思うのです。

仕事を引き受ける段階で、同じような書類を見せてもらっていたとしたら、アウトプットイメージは上司とずれることはなかった。

実際、仕事のアウトプットとしてまったく前例がないものというのは、そんなに多くないと思います。

商品企画のアイデア出しにしても、どんなレベルのものなのか過去に持ち寄られた企画書を一枚でも見せてもらっていれば、アウトプットの内容やレベルは十分に想像ができたはずです。

デザインや雰囲気などは口頭ではなかなか伝えにくく、ラフスケッチでもうまく伝わらないようなことでも、サンプルや類似物があれば、共有はそれほど難しくありません。

「こんな感じのデザインがいい」「こんな雰囲気にしたい」「こんなふうにメリハリをつけた展開にしたい」など、具体的に共有することができます。

私たち出版の仕事でも、サンプルや類似物、参考になるものを使っての打ち合わせはよく行われます。

雑誌の特集記事を作るとき「こんなイメージの特集にしたい」と過去の特集記事や、別の雑誌のサンプルページを持ってくる編集者も少なくありません。それ自体まったく気になることでもありませんし、作り手としてむしろありがたいことです。「これをそのまま作ってくれ」といわれているわけではありません。それでは真似になってしまいます。そうではなく、アウトプットイメージの共有に役立てるのです。

書籍の場合もアウトプットイメージの共有の打ち合わせで、「実物」が出てくる場合があります。

もっともその場合は「こういう本にしてほしい」というより「類書でこういう本があるので、この本と差別化したものにしたい」というケースがほとんどですが。

お客さまからのアウトプットの依頼であれば、なおさらアウトプットイメージの共有は重要になります。

まったくピント外れなものを出してしまったら、それだけで信用を失ってしまいかねないからです。どんなアウトプットが求められているのか、慎重に聞き出していく必要があります。

このとき「もし何かサンプルのようなものがあれば」「類似物や参考にできるものはありますか」と一声かけることは、正しいことだと思います。

依頼者のお客さまも、いい提案をしてもらったほうがいいに決まっているのです。ピント外れ、やり直し、差し戻しを防ぐためにも、お願いしてみるべきです。

いずれにしても実物に近いサンプルは、アウトプットイメージの共有に極めて有効です。

イメージの共有は簡単ではない。だからこそ、サンプルを使うという方法が意味を持ってくる。

いい仕事をするために、ぜひやってみてください。

相手に与える、メモの心理的効果

目的、ターゲットという二つのステップでもそうですが、アウトプットイメージを共有するとき、ぜひ、意識してほしいのは、しっかりメモを取ることです。

打ち合わせのときにメモを取ることは極めて重要なのです。

実際に仕事をしようとするとき、このメモが大いに役に立ちます。

そして、メモの効能というのはそればかりではありません。

メモをしっかり取るという行為は、相手からの信頼感を大きく高めてくれるということです。

かつて私が広告関連の仕事をしていたとき、よく営業担当者に同行していたという話を書きました。このとき優秀な営業マンほど、しっかりメモを取っていた印象があります。

しかも極めて自然にメモを取っていた。これはきっと相手である顧客に好印象を与えているだろうなぁと感じていました。

人に取材をする仕事を長くしてきて感じるのは、人は話したい生き物だということです。誰かに話を聞いてもらう、ということが大好きなのです。

ただし誰にでも話したいわけではない。話がしたくなるような人に話したくなる。だからどのようにして、そうした空気感を作っていくか、というのは、聞く側の大事なテーマになります。

上司に仕事をお願いされたとき、目の前でちゃんと上司の話をメモしている部下と、ペンも持たずにただ話を聞いているだけの部下とでは、果たしてどちらが上司にとっては信用できるでしょうか。もっといえば「かわいく」映るでしょうか。

相手側の担当者と打ち合わせる場合でも同様です。

手帳なりノートなりを広げ、担当者の話をしっかりメモする。これは「忘れない」ということだけではなく「きちんと仕事をしている」というメッセージにもなると私は思っています。

そして、**アウトプットイメージの共有でも、特に重要になるのが「キーワード」**だと思っています。

雑誌の企画などでは、テーマやタイトルが重要になると書きました。それはアウトプットイメージの象徴がテーマやタイトルに凝縮されることになるからです。

これは一般の仕事も同じ。

特にアウトプットイメージの共有では、あれもこれも全部、メモしてしまうと逆にイメージがぼんやりしてしまいかねません。

そこで、アウトプットイメージを凝縮したキーワードを見つけるのです。それをしっかりメモしておく。

ビジュアルをメモしておくことも重要です。ラフスケッチはもちろん、写真などを見せられた場合には写真の印象も書いておく。

サンプルなどがある場合は、サンプルのどの部分がポイントなどかを記しておく。そうすることで、後でアウトプットイメージのポイントを忘れずに済みます。

メモの効能というのは、思っている以上に大きいと私は思っています。

スマホ時代全盛ですが、できればメモ帳やノートにメモしたい。

というのも、上司やお客さまとのフォーマルな打ち合わせの場では、写真素材を見せる場合はさておき、スマホでメモを取るのは、残念ながら、場にそぐわないイメージがまだまだ強いからです。

ミクロ／ディテールにとらわれ過ぎない

アウトプットイメージを共有するときにはひとつ、気を付けなければならないことがあります。それは、細かなところにとらわれ過ぎてしまうという落とし穴です。アウトプットイメージは、あくまで見本、具体例に過ぎません。実際にそれがアウトプットになるわけではないし、そもそもアウトプットはこれから作るのです。

このとき、「イメージ」だからこそ大事なのは、大きな枠組みを外さないということです。ところが、先に細かなところに目が行ってしまうと、大きな枠組みという肝心なポイントが抜け落ちてしまうことがある。

そうすると、実際のアウトプットを作るときに困ってしまうのです。細かなところが仕事の依頼者とイメージが一致していても、大きな枠組みで一致していないのであれば問題です。逆ならありえるかもしれません。それなら修正も小さくて済みます。

私の仕事でいえば、こんなケースがあります。

雑誌のインタビューの仕事を受けることになった。先にも書いたように、重要なのはテーマでありタイトルです。これが大きな枠組みということになるでしょう。ところがいきなり具体的な文章の構成をどうしましょうか、という話をされる場合があるのです。文体をどうするか、話の順番をどうするか、どの話が面白いのか、どうチョイスしていくか……。

しかし、原稿を書く私にすれば、大きなテーマやタイトルもないのに、文章の素材を選ぶことはできないし、話の順番も決められません。楽しい話を原稿にするのか、悲しい話を原稿にするのかでは素材がまったく違ってくる。

こういうことがよくあるのです。

大きな枠組みの前にミクロやディテールが気になってしまう。これでは仕事を受ける側も困ってしまうのです。

本を書くときにいきなり第一章の冒頭から書き始めることはありません。まずは目次という大きな枠組みを作ってから書き始めます。

同じように書類づくりでも、企画づくりでも、お客さまへの提案書づくりでも、まずは大きな枠組みから作り始めるはずです。いきなり細かなデザインや文章の順番から入る人はいないと思います。

アウトプットイメージの共有でも、まずは大きな枠組みをしっかり意識しておくことが大切になるのです。

もちろん、ミクロやディテールも仕事の完成度を高めてくれることにつながりますが、それは最終的な話。

まずは大きな枠組みで、きっちりと仕事の依頼者とアウトプットイメージを一致させて、そこから仕事を進めていくことが大事になるのです。

私のような文章を書く仕事では、むしろ依頼者ではなく、仕事の受け手がミクロやディテールにこだわってしまうことが多々ある、と編集者から聞かされます。

取材で得たこの素材を使いたい。こういういい回しの文章にしたい。こんなイメージの文章展開にしたい……。

そこにこだわってしまって、大きな枠組みに目が向かなくなる。テーマやタイトルとずれていってしまう。

私の場合、幸いなことに文章にはまったくといっていいほどこだわりがありません。文章は単なる情報伝達のツールでしかないと思っているからです。だからミクロやディテールにも意識は向きません。

私が大事にしているのは、大きな枠組みに沿って、伝えたい内容がしっかり伝わるか、ということだけです。「目的」は文章ではなく読者の役に立つことだから。

できるだけ大きな視点を持つ。大きな枠組みをしっかり捉えておく。

アウトプットイメージの共有では、ぜひ意識しておいてほしいことです。

まとめ CHAPTER 3

- 準備の第三ステップは、最終的な仕事の仕上がりの**アウトプットイメージを仕事の依頼者と共有する**こと。

- 仕事の依頼者は何もかも語ってくれるわけではない。こちらから聞き出す意識を持つ必要がある。仕事の発注者のアウトプットイメージがぼんやりしていたなら危険。そうなれば依頼を受ける時点で、一緒に作り上げ、固めて、共有していく必要がある。

- アウトプットイメージの共有は、ビジュアルを活用したり、サンプル、類似物、参考になるものを探すという方法がある。

- 打ち合わせのときにメモを取ることは極めて重要。相手からの信頼感を大きく高めてくれる。

FULL 8 7 6 5 4 3 2 1 0

CHAPTER

4

仕事の
プロセス／進め方を作る

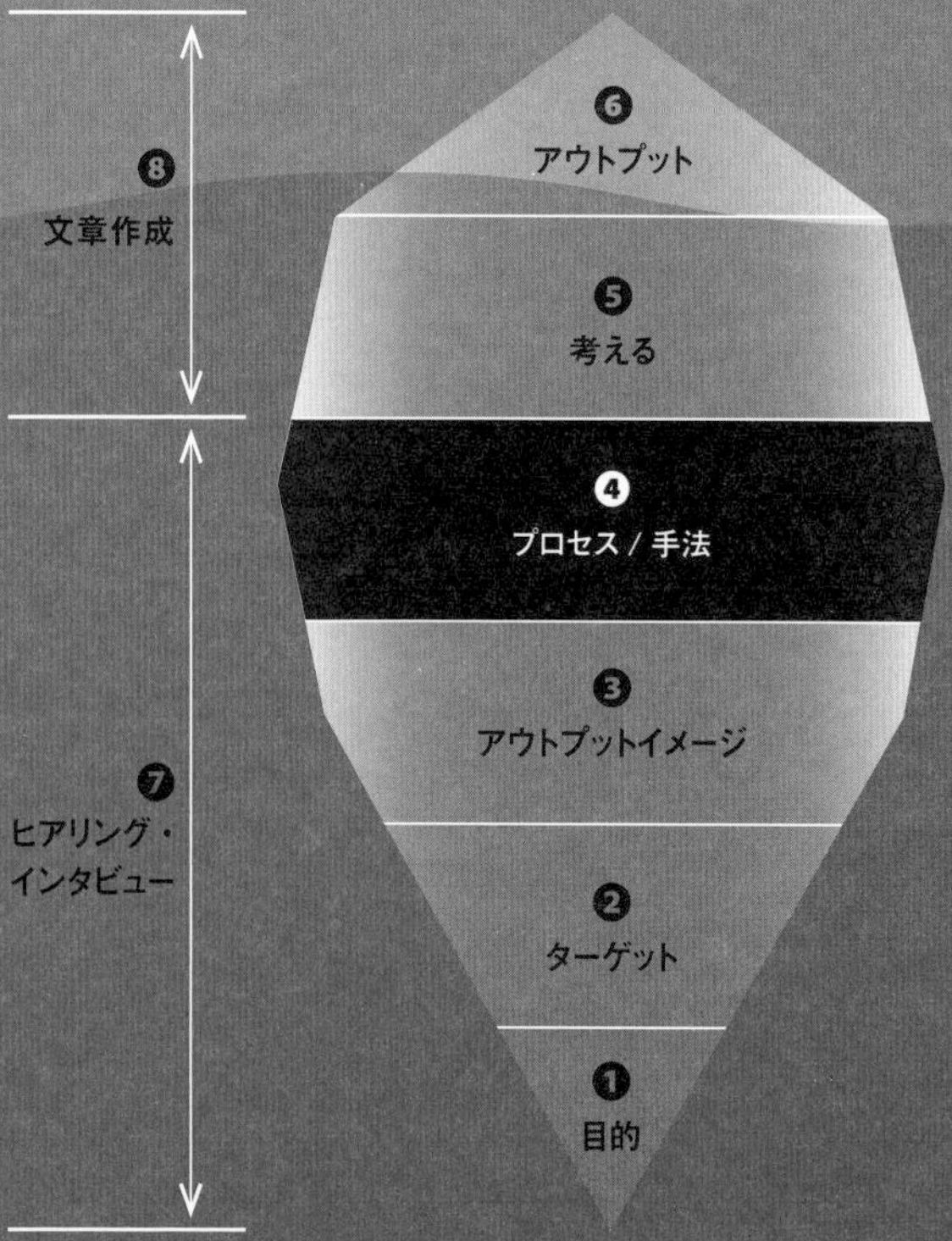

「とりあえずやってみる」のはやり直しのもと

ここまで、

❶仕事の目的を理解する
❷ターゲットを意識する
❸アウトプットイメージを共有する

と三つのステップをご紹介してきましたが、四つ目が**プロセス／進め方**です。

例えば文章を書く場合でも、プロセス／進め方があります。このステップを踏まないと、思うように文章は書けません。「入れてほしいといわれていたあの内容が入らなかった」「この内容も盛り込みたかったのに」などということも起きかねない。

「とりあえずやってみよう」は、やり直しが前提のやり方です。

仕事は、プロセス／進め方をしっかり作ってから進める必要があるのです。

私は二〇年以上にわたって文章を書く仕事をしていますが、ときどき「文章がうまく書けないのですが、どうすればいいのでしょうか？」と問われることがあります。うまく書くことができないと思われている要因は、さまざまなようです。

・ロジックがうまく組み立てられない。
・すらすらと書き進められない。
・文章を作るのに、ものすごく時間がかかる。
・「てにをは」や「、」「。」に自信がない。
・これでいいのかということがよくわからない。

こういうとき私は、お答えをする前に「文章をどのようなプロセスで作ろうとしているのか」を詳しくお聞きすることにしています。

そうするとだいたい共通点が出てきます。それは何の準備もせずに、いきなり書き始めている、ということです。

私の場合は、いきなり一行目から文章を書き始めることはありません。

文章を書き始める前に、どんな内容で、どんな順番で、どんなロジック（なぜそういえるのかという根拠を示しながら説明する）にして書き進めるのかを考えてから書くのです。

文章を書くのはおそらく早いほうだと思います。そうでなければ毎月一冊ずつ本を書いていくのは難しいことかもしれません。ではどうして早く書けるかといえば、書く前にきっちり準備しているからです。

以前には『文章は「書く前」に8割決まる』という著書も出していますが、大事なことは書く前にあると私は考えています。

どのくらいしっかり準備ができているかが、スピードも変えるし、クオリティも変えると思っています。

「すらすら書けない」「書くのに時間がかかる」というのも、準備をしていなければ当然のこと。準備せずにうまく文章を書くことは、誰にもできないと思っています。

もちろん世の中には天性の文才を持った方もいる。

取材した作家の中にもそういう人がいました。驚くべきことに構成も何も考えることなく、分厚い小説の一行目を書き始めたら、あとは一気に最後まで書いてしまう。こんな人がいたのも事実。

しかしそれはほんの一部の人の話だと私は思っています。多くの人はそんなことはできない。そういうことをやろうとすると、後で苦労することになる。むしろ余計に時間がかかってしまったりするのです。

文章に限らず仕事はすべてそうだと思いますが、「とりあえず、やってみよう」ではうまくいかないのです。やってみる前に準備が必要になるのです。

効率的にアウトプットに導くシナリオ・段取り

仕事のプロセス／進め方を作る、というのは、効率的にアウトプットに導くシナリオ・段取りを作るということです。

例えば資料づくりを頼まれた。目的、ターゲット、アウトプットイメージを共有する大切さはすでにふれました。

では、どのようにその資料づくりをアウトプットまでつなげていくのか。そこに行き着くまでに**何を、どんな順番で、どんなふうに進めていくのか**を考える必要があります。

しかも、仕事には通常、締め切りがありますから、その締め切りに間に合うよう、最も効率的にアウトプットが出せる流れが求められます。

アウトプットの期限から逆算して、やるべきことを整理し、それが最もスピーディにできる方法を考えていく、ということ。

これができていなければ、行き当たりばったりで情報収集はしてみたものの、無駄なものまで集めてしまったなんてことにもなりかねない。情報収集に時間がかかり過ぎて、整理の時間が足りなかった、なんてことも起こりうる。

仕事が大きなものになればなるほど、プロセス／進め方を作る重要性は増していきます。

これがうまくできていないと、うまくアウトプットに着地できないばかりでなく、締め切りに間に合わないことも起きかねません。

私の仕事で説明すれば、ブックライターとしての仕事がわかりやすいかもしれません。（次ページ図4）

図４　ブックライティングを例にしたプロセス／進め方の流れ

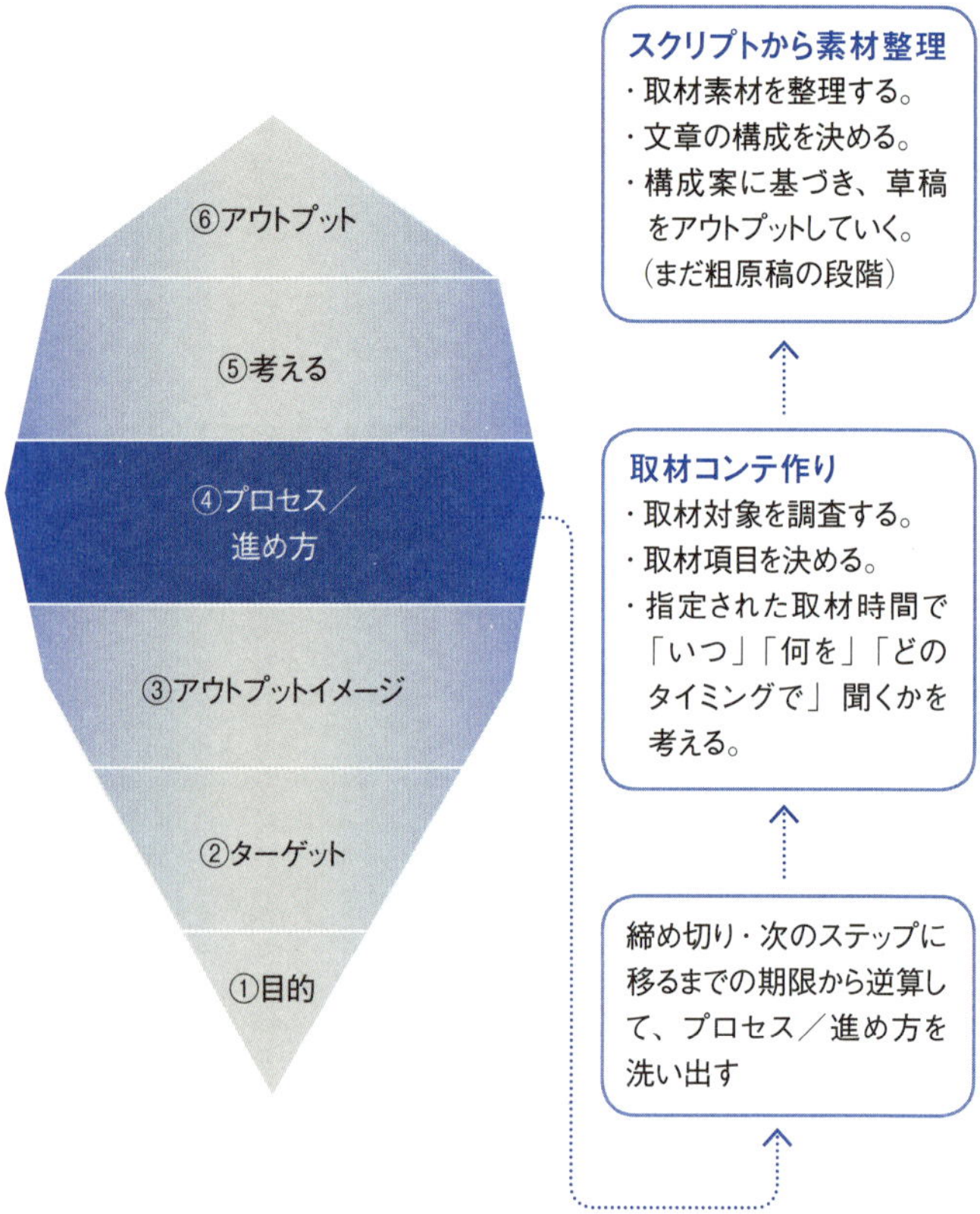
⑥アウトプット
⑤考える
④プロセス／進め方
③アウトプットイメージ
②ターゲット
①目的
スクリプトから素材整理
・取材素材を整理する。
・文章の構成を決める。
・構成案に基づき、草稿をアウトプットしていく。（まだ粗原稿の段階）
取材コンテ作り
・取材対象を調査する。
・取材項目を決める。
・指定された取材時間で「いつ」「何を」「どのタイミングで」聞くかを考える。
締め切り・次のステップに移るまでの期限から逆算して、プロセス／進め方を洗い出す

ブックライティングは経営者などが著者となる本を、本人に代わって書く仕事です。大まかな流れは著者に一〇時間ほどインタビューし、それをテキスト化したスクリプトを読み込み、本の構成を決めて書いていくということになります。

私の場合、これを毎月のように繰り返しています。月に一冊の本をコンスタントに書いていくためには、プロセス／進め方を作ることが極めて重要なのです。

準備はインタビューの前から始まっています。本に入れるべき著者の話をまんべんなく網羅していくには、一〇時間のインタビューの中、どんな順番でどのように聞いていくのかということを考えなければなりません。

それをやらずにいきなりインタビューを始めると「あの頃の話を聞く時間が足りなかった」というようなことになりかねないのです。

そこで、目的、ターゲット、アウトプットイメージの共有、というステップを経た後、一〇時間のインタビューで、いつ何をどこのタイミングで聞くのか、コンテを作ってしまうのです。

私はこれを取材コンテと呼んでいますが、ここでインタビューがうまくできないと、後々で困ることになります。

また、インタビュー音声の内容をテキスト化した「スクリプト」から本の構成を作り、書いていくときにも、効率のいい方法について頭を巡らせました。

一〇時間分のスクリプトとなると、厚さ一〇センチほどになります。実際に原稿を書くときは、この厚さ一〇センチのスクリプトの中から、文章を構成するための内容を取り出すことになります。

書きながら、「あの話はどのへんにあったっけ？」などとやっていたら、効率悪いこと甚だしいわけです。

そこで、スクリプトを読み込んで構成を作ったら、目次のこの部分の話が、スクリプトのどこにあるのか、すぐに見つけられる方法を考えたのです。

これが、付箋を使うことでした。（025ページ写真参照）

目次の第一章ならブルー、第二章ならピンク、第三章ならイエローなどと決めて、分厚いスクリプトを読み込み、キーワードを書き記した付箋を貼っていく。

そうすると、第一章を書くときにはブルーの付箋だけを分厚いスクリプトから見つければいいことになります。第二章を書くときはピンクの付箋、というように章別に素材の場所がわかる。

そして、目次にもキーワードを付けておいて、付箋に書いたキーワードと照らし合わせて書いていけばいいという流れです。

詳細は著書『職業、ブックライター。』に書き記しましたが、本作りを経験している人からは「こんな方法があったのか」という声をいただきました。

極めて原始的な方法ではありますが、これだけでも十分効率的にブックライティングができるのです。

アウトプットを導くシナリオ・段取りを考える＝プロセス／進め方づくりとはこういうことです。

どんな仕事であれ、アウトプットに行き着くまでの効率的なプロセス／進め方は必ずある。それを考えてから仕事を進めていくということです。

必要なプロセスの洗い出し、分解

では、仕事のプロセス／進め方を作るには、どうすればいいのか。まずはアウトプットイメージから逆算して、必要なプロセスを洗い出してみることです。

例えば、上司に資料づくりを命じられたとしましょう。やるべきステップは

❶何のための資料なのか目的を確認する。
❷誰がその書類を最終的に見ることになるのかターゲットを意識する。
❸さらに上司とアウトプットイメージを共有して、書類の中にどんな内容を盛り込む必要があるのかを共有する。

これを押さえたら、次に来るのは

❹アウトプットを作るために何が必要になってくるのかを洗い出す。やるべき作業に分解し、プロセス／進め方を作り、効率よく進める。

となります。資料づくりなら、

- **資料を作るためには何を調べる必要があるのか。**
- **それはどこで調べられるのか。**
- **そのためには、どのくらいの時間がかかるのか。**
- **最終的な提出書類の体裁にするには、どのくらい時間がかかりそうか。**

というように、やらなければならないことを一つひとつリストアップしていくのです。ここで大事なのは、**頭の中でざっくりとプロセス／進め方をイメージするのではなく、文字にして紙に書いてみること**です。

わざわざ紙に書く必要なんてない、頭の中でわかっていればいいと考えてしまいがちですが、それをやると、どうしても抜け、モレが出てしまうことが多いのです。

著名なコンサルタントが取材で語っていた話があります。

外資系コンサルティング会社の日本法人代表も務めていた人です。中途入社で一般企業から転職したとき、コンサルタントの仕事に、とても戸惑ったそうです。

当時すでに三〇歳を過ぎていた彼が取り組んだのは、関わる仕事のすべてについて面倒でもきちんと文字に落としていくということでした。

結果、彼は短期間でコンサルタントとしての成長に成功することになります。

最大の理由は「手間はかかったけれど、すべての仕事を文字で書き出していったことだった」と語っていました。

通常は仕事に取りかかる前にやるべきことを洗い出しますが、彼は仕事を終えた後にも結果的にどんなプロセスで仕事を進めたかを書き出していったそうです。

・それぞれの作業にどのくらいの時間がかかったか。

・事前に想定していたプロセスで足りないものは何だったか。
・事前のイメージと実際の仕事では、どこにズレが発生しやすいのか。

面倒でもすべてのプロセスを書き出したことで、やらなければならないことが可視化できるようになった。

そしてなんといっても、次に似たような仕事がきたとき、過去にしっかり書き出しておいたものに立ち戻ることで一気にスピードアップを図ることができたといいます。頭の中で考えただけだったら、こうはいかなかっただろうと語っていました。

アウトプットのために必要なプロセスを必ず書いていく。簡単なメモ書きでもいい。可視化して眺めてみる。

その上で過不足ないかしっかり確認する。ここで手抜きをしたり、抜け、モレが出ると結果的に思うようなアウトプットが出せなくなるのです。書き出した経験は、きっと次にも生きてきます。

一つひとつの仕事をきっちりとこなしていくと、やがていろいろな仕事の共通項が見えてくるようになります。ポイントがつかめてくるようになる。

いわゆる、**抽象化ができるようになっていく**、と彼は語っていました。

抽象化ができてくると、まったく違う種類の仕事でも、抽象化された過去の仕事の経験が活かせるようになっていくのです。そうすることで、仕事の幅を一気に広げていくことができる。

やったことがない仕事でも、果敢に挑んで成果に結びつけてしまえる人は、この抽象化ができている人です。

それは一つひとつの仕事をきっちりこなし、プロセスを可視化することで可能になるのです。

スケジュール、甘さと余裕は違う

依頼された仕事について必要なプロセスを分解したら、次にやるべきことはスケジュールを作ること。時間の見積もりを考えていくことです。

それぞれのプロセスは、どのくらいの時間がかかるのか。どのプロセスが、最も手間がかかるのか、ここで見極めなければなりません。

甘い時間見積もりを作ってしまうと、最終的に時間が足りなかった、ということになってしまいます。正しい時間見積もりをしていないと、前半に時間を掛けすぎて、後半に時間が足りなくなってしまった、ということにもなりかねません。

プロセスをパッと見て、即座にどのくらいの時間がかかるのかを判断することは、仕事を進める上で最も難しいことといえるでしょう。やったことのない仕事は、どのくらいの時間がかかるのか、わからないからです。

ベテランになればテキパキと仕事を進められるのは、仕事能力が高まっていることのほかに、時間見積もりが過去の経験からすぐにできることだと思います。

その意味で経験を蓄積することは極めて重要であり、経験を次に生かしていくプロセスの可視化も大きな意味を持ってくるのです。

経験が浅いうちは、プロセスにどのくらいの時間がかかるのか、周囲の先輩や上司に聞いてみるのもひとつの方法です。

ただし、そのときは、プロセスの分解をしっかり自分でやっておくこと。その上で、自分なりに時間見積もりを立ててから相談してみることです。そうすることで、実際の経験者との考え方の差を把握することができます。

私自身も過去を振り返ってみると、採用広告の仕事をたくさんしていた時代に、この時間見積もりの感覚を磨くことができたことが大きいと思っています。その経験から「このくらいの文章なら、どのくらいでできるのか」という相場を自分の中に作ることができたのです。

そしてもうひとつ、私なりのやり方として続けてきたのは「一時間単位」という時間割を頭の中に必ず入れて時間見積もりを作っていることです。

ダラダラと仕事をしてしまわないためにも、一日のタイムスケジュールはすべて一時間単位で作っています。

この仕事はこの一時間でやってしまう。この仕事はこの三時間でやってしまう。というように、ある程度の時間見積もりを一時間単位でタイムスケジュールとして組み込んでしまうのです。

こうすることで何時までに何をやらなければならないかということが日々、明確になる。スケジュールをしっかり作ったら、そのノルマをしっかり完遂することを意識します。

ただし、ここで注意をしなければならないのは、**無理なスケジュールを組んではならない**ということです。

文章を書く、原稿を書くという私の仕事には、常に締め切りがつきまといますが、私はこの仕事を始めて二〇数年、一度も締め切りに遅れたことがありません。

出版業界は、締め切り遅れの常習者がたくさんいる世界なので、私のスタイルはとても珍しがられますし、どうしてそんなことができるのかと問われることが少なくありません。

私がやっていることは極めてシンプルで、それぞれのスケジュールについて無理な見積もりを作らないということです。

このプロセスはこのくらいでできるなというイメージを持ったとき、それよりも二割増し程度のスケジュールをいつも作るようにしています。

その理由もまたシンプルで、私は締め切りギリギリに追われるのが嫌いだからです。いつもゆとりを持って行動をしたいから、ゆるめのスケジュールを作る。

そしてだいだいにおいて、突発的な事態は必ず起きてくるものです。

本当に無理ならお断りしますが、ちょっと頑張ればできるというときには、急な取材でもお受けします。

そういうことができるのも、もともとゆとりを持ったスケジューリングをしているからです。

いつも予定がぎっしりでパンパンというのではコーヒーブレイクの時間すらなくなってしまいます。それではいい仕事ができるとはとても思えない。

ゆとりを持ってスケジューリングをすることは、精神衛生上もとても大きな意味があります。

仕事のプロセスを洗い出したら、それぞれにどのくらいの時間がかかりそうか余裕を持って見積もることが大事です。

ゆっくりやればいいということではなく、早めに終われるなら、どんどん前倒しでやっていけばいいのです。

早く終われば、それだけゆとりの時間が持てます。

突発的な事態にも対応できるし、締め切り間際に、もっと精査してクオリティを高めていくこともできる。

それも、ゆとりのあるスケジュールを見積もるからできるのです。

進捗確認を必ず組み入れる

アウトプットから逆算して必要なプロセスを洗い出し、それぞれの必要な時間を見積もることができたら、次はどんな手順でそのプロセスを進めていくか。プロセスの進め方を考えることになります。

私自身ではこのいい方を使っていませんが、自分の仕事の進め方や会社、部署で決まっている仕事の進め方を「ワークフロー」という言葉で表現することもあります。

ではどんな進め方をすれば最もスムーズか。

「これをやっておかないと次に進めない」というプロセスは順序を逆にするわけにはいきません。先にご紹介した本づくりのプロセスなら、テキスト化されたスクリプトの整理の前に原稿を書き進めることはできない。

そういうことを意識しながら、**しなければならないことの順番**を考えていきます。

ここでも、**きっちりと書面に落としておく**ことが大切です。そうすれば次に同じような仕事が来たときに、経験を活かせます。そして、プロセスの進め方を作るときに意識したいのは、効率的な方法を考えることです。

先の本の例でいえば、分厚いスクリプトの中から原稿に使う内容をピックアップするのは大変な手間になるので、付箋を活用してその手間を省く、ということがそのひとつでしょう。

「どうにもこれは時間がかかりそうだなぁ」「こうしたほうが、それぞれのプロセスも、進め方もスピードアップできるかもしれない」と感じるものがあれば、立ち止まって考えてみる。そうすることで、全体の仕事スピードもアップしていきます。

ただ、注意しなければならないのは、**プロセスのディテールにとらわれ過ぎない**ことです。細かなところにこだわり過ぎると、「木を見て森を見ず」ということになりかねません。あくまで**プロセス全体を把握して、その上で何を効率化できるか**を考えていく必要があります。

もうひとつ注意すべきことは、**プロセスの進め方の中に、必ず依頼者への進捗確認のプロセスを組み入れること**です。少なくとも途中で必ず一回は入れる。

出版の世界でもそうですが、一度軽く打ち合わせをして、最終的なアウトプットが出てくる前に一度も進捗の報告をしないケースもあるようです。本を作るのに目次の確認がなかったと聞いたことがあります。

私は必要に応じて、必ず進捗の確認をするようにしています。

もう何度も仕事をしている依頼者や、打ち合わせでかなりしっかり詳細を固めた場合は別ですが、そうでない場合「これは出しておいたほうがいいな」と思える場合には、一度ならず二度、三度と進捗の確認をする場合があります。

「今回のグラビアの原稿の流れはこんなふうにしますよ」と伝えたり「書籍は今このあたりまで進んでいます」という報告をする。途中で相談をしたりすることもあります。

というのも依頼者の立場に立ってみたら、きっとそのほうが安心できると思うからです。

「初めて仕事をするのだが、本当に締め切り通りに上がってくるのだろうか」

「打ち合わせはしたけれど、思うような方向でアウトプットは出てくるのだろうか」

「今はどこまで仕事は進んでいるのだろうか……」


私がもし依頼者だったとしたら、そんなふうに考えると思います。

だから進捗確認をしておく。一本メールを入れるだけでもいい。それだけでも、依頼者の印象はまるで変わると思っています。

社内で上司に仕事を頼まれたときも進捗報告を必ずする。途中、少し心配になったら相談をしてもいい。それもプロセスの進め方に組み込んでしまう。

お客さまからの依頼も同様です。「今このあたりまで来ています」「どのくらいでできそうです」と報告をする。

アウトプットするまでのスケジュールによって、一度もしくは二度程度でいいと思います。

それだけでも依頼者は安心します。だから進捗報告も進め方に盛り込んでしまうのです。

まとめ　CHAPTER 4

- 準備の第四ステップは、**プロセス／進め方**。仕事をアウトプットまで導く手順、仕事に必要な要素を着手前にしっかり考える。

- 「とりあえずやってみよう」はやり直しが前提の進め方。仕事はプロセス／進め方をしっかり作ってから進める必要がある。

- アウトプットの期限から逆算して、やるべきことを整理し、それが最もスピーディにできる方法を考える。アウトプットを作るために何が必要になってくるのかを洗い出し、分解していくのが、プロセス／進め方づくり。

- プロセス分解したら、余裕を持ったスケジュールを作る。プロセスの進め方には、必ず依頼者への進捗確認を組み入れる。

CHAPTER

5

アウトプットを考える

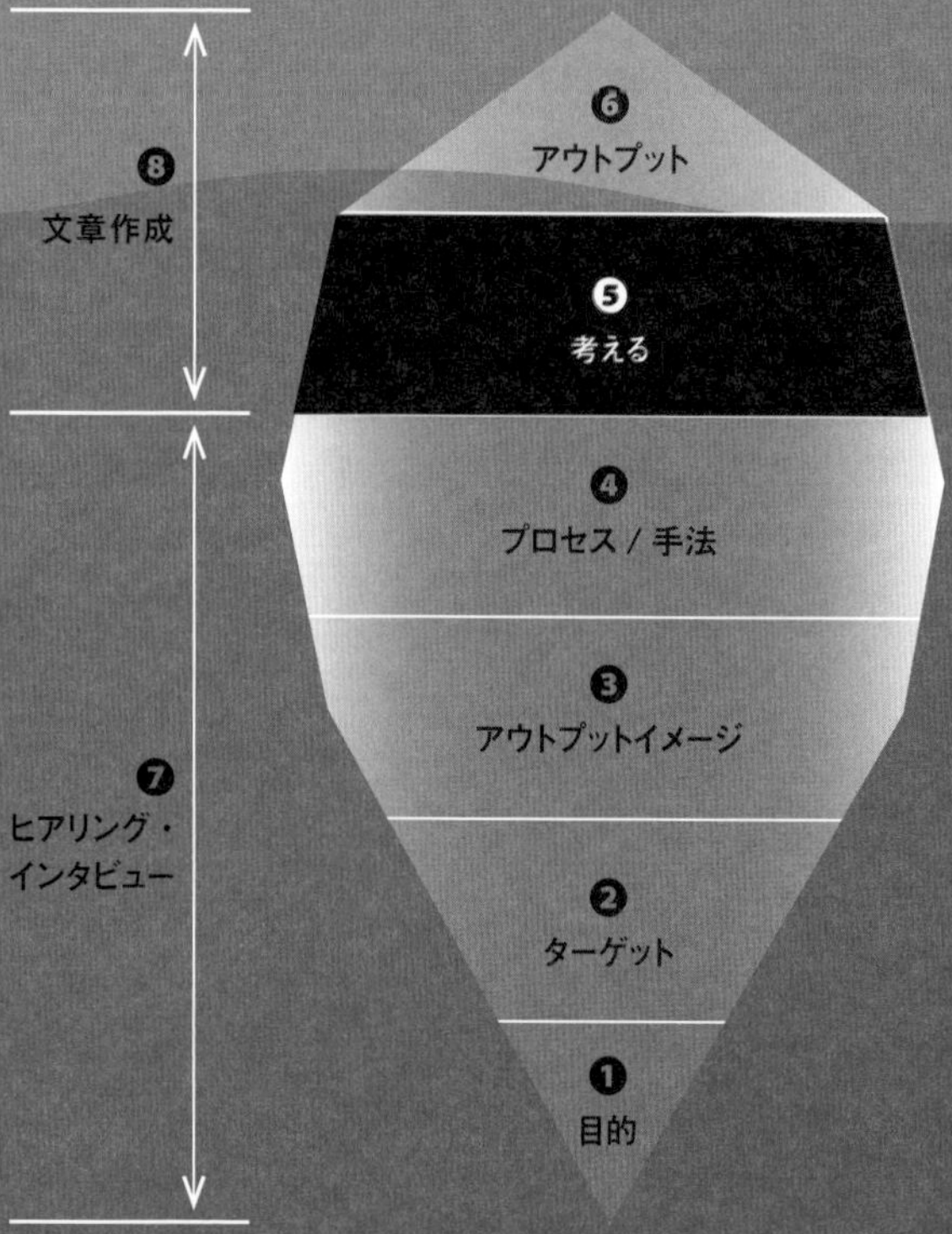

アウトプットの質は考える時間を保証することで決まる

「よく似た仕事を別の社員二人に頼んだら、まったく違う出来になって驚いた……」

そんな上司の声を耳にしたことがあります。

ほとんど同じ仕事なのに、なぜ違いが出るのか。

その理由はこれまで見たように、**❶目的 ❷ターゲット ❸アウトプットイメージの共有 ❹プロセス／進め方**、によって大きく左右されるわけですが、もうひとつ**大きな違いを生むのが、アウトプットをどう考えるか**です。これはアウトプットのキモ（肝）の部分ともいえます。

アウトプットの考え方の質次第で、出てくるもののクオリティは大きく変わるから。アウトプットイメージは近くても、似て非なるものが出てくる可能性もあるから。

仕事の準備ステップでは、この考える時間が極めて大切です。ところが意外に考える時間は意識されていない。

やらなければならないステップに引きずられ、肝心の考える時間が取れないというのです。

しかし考える時間がなかったとすれば、単にステップを踏んだだけの仕事になってしまいかねません。これでは依頼者が求める期待に応えるのは難しい。同時に受けた側の仕事も面白いものではなくなる。

もちろん、目的を確認したり、ターゲットを意識したり、アウトプットイメージを共有したり、プロセス／進め方を作ったりするときにも、考えることは必要になってきます。しかし、それ以上に、ここからアウトプットに向かうまでに考えることが重要になるのです。

私の本づくりの仕事でいえば、大きく三度、この考える機会があると思っています。

まずは本づくりの企画を考えるとき。どんな本を、どんなターゲットに向けて、どんな切り口で展開していくか。

これは編集者と一緒に考えることが多いですが、大きな方向性が定まった後、改めて本を作り始める前に再考していきます。本当にその方向で本を書くことができるのかどうかということも考えます。

自分の本ではなく、他の著書の本を作るブックライティングのときには、何を聞くか、取材の内容を考えるのがまさにこの企画の段階です。聞いた内容がアウトプットにつながっていきますから、ここで考えることは極めて重要です。

二つ目の考える機会は目次を考えるときです。膨大な取材の情報をどんなふうにまとめて目次にしていくか。これはなかなかに苦しいですが、一方で最も楽しい時間でもあります。いわばカオスを整理していくプロセス。

分厚いインタビューのスクリプトは、読み込むだけで丸一日以上を要します。そこからキーワードを見つけて、章立てを作り、キーワードを割り振って、目次の形に落とし込んでいくのです。いわば本の設計図を作る仕事でもあります。

そして三つ目の考える機会は、目次に挙げた各項目の文章を構成するときです。テーマとなる項目の内容をどんなふうに書き進めていくか。素材をどんな順番で文章にしていくのか。これらを考えてから文章化していきます。

これは著書『書いて生きていく　プロ文章論』にも書きましたが、本を一冊、約一〇万字書くとなると大変な仕事のように思えます。たしかに一〇万字は大変な量で、徹夜でなんとかなるような仕事ではありません。

しかし、こんなふうに考えてみたらどうでしょうか。

一〇万字ではなく、二〇〇〇文字の原稿が五〇個集まったもの、と捉えてみるのです。

七章立てで七個ずつでもいい。印象はずいぶん変わると思います。同じ一〇万字なのに、です。

こんなふうに、仕事に向き合うときに考え方の角度を変えていくのも、考え方のひとつといえるかもしれません。

依頼者から仕事を頼まれたときは、必要なステップを経て、まずは一度、頭をクールダウンさせて考えるのです。

「さて、どうするか」と一人で作戦会議を立ててみる。これがアウトプットのレベルを大きく左右すると私は思っています。

考えるプロセスを一般的な仕事に落とし込んでみると、次のようになるかと思います。

❶仕事を依頼された時、目的とターゲットを確認して、優先順位を整理する。

❷それをどのような構成で、どう見せるかというアウトプットの仕様を考える。

❸実際に内容を埋めていく際に、どこに力点を置き、効果的に伝えたいことを理解してもらえるかの工夫をする。

主観と客観を意識し、相場観を作る

本を作るときも、雑誌の記事を書くときも、考える上で私が強く意識していることがあります。それが「相場観」です。

例えば書籍の企画を考える。私が真っ先にやるのは、大きな書店の書籍売り場に行くことです。仮に、会計をテーマにした本の企画が上がってきているとしましょう。するとまずやらなければならないことは、世の中の会計に関わる本の相場を知ることなのです。

今どんな本が書店の会計の売り場に並んでいるのか。そこにある本と、同じような本を作っても、読者の役には立てません。そうではない本を作ることを目指す必要がある。となれば今どんな本が並んでいるかを理解していないと企画の出しようがないのです。

本の中身もチェックします。私は会計の本の専門家ではありません。では、どのくらいのレベルのものなら読者に支持されそうか。他の本はどんなレベルの文章を書いているのか。それを調べていくのです。

雑誌にタレントのインタビュー記事を掲載するときも、相場観を使います。まず、その雑誌の立ち位置はどんなものなのかを理解します。ターゲット読者はどういう人なのか。世の中からは、どんなふうに思われている雑誌なのか。場合によっては、インタビューが掲載されるときの他の特集の内容なども確認します。ターゲット読者が違えば、求められる内容は変わります。編集方針も同様です。雑誌のそのときの特集内容によっては書いたほうがいいこと、書かないほうがいいこともある。それを知っているのと知らないのとでは、内容に違いが出てくるということです。

そしてもうひとつ大事なことが、そのタレントがどんな立ち位置なのかを確認することです。

まだ出てきたばかりの新人なのか、飛ぶ鳥を落とす勢いの急成長の人なのか、実力派として世間から認められている人か、それとも超ベテランで何十年もトップランナーで走ってきている人か。

同じセリフひとつとっても、この四タイプのうち、誰が発信したかで受け止め方はずいぶん変わるのです。

尖った内容であれば、新人が語れば生意気に聞こえます。読者ターゲットがもし、中高年であったとしたらなおさらです。本人は生意気に語ったつもりはなくても、言葉だけが載ればそう思えてしまう。そこまで考えて、原稿を作らなければならない。

さらにどんな原稿がその雑誌に掲載されているかもチェックします。ターゲットによって、あるいは編集方針によって、雑誌にカラーがあるように、文章にもカラーがあります。それを逸脱するようなものを書いても、読者からも編集部からも支持をもらうことはできません。

雑誌にしても、インタビューに出てくる人にしても、文章にしても、「相場」がある。「こういうもの」というコンフォートゾーンがある。これを逸脱してしまうと、受け止め側が心地よくないものになってしまうのです。

これは、ライター養成講座などで若い書き手の方によくいうのですが「ただ書いてはいけない」のです。ただ書くと、それは単なる主観の垂れ流しになってしまう危険があるからです。そうではなくて客観を理解するのです。それが相場観です。

今、書こうとしているものをめぐる相場はどうなっているのかを理解してから書くのと、それをおかまいなしに書くのとでは、まったく違うものができあがります。

せっかく書くのであれば、読者に受け入れられるもののほうがいい。読者に心地よく読んでもらえるもののほうがいい。当然、それを編集部も求めているはずです。なぜなら編集部は、読者の支持を得るために雑誌を作っているからです。

自分の主観だけで物事を考えようとするのではなく、客観的な情報も理解しようとすること。それが相場観を作ってくれます。

そしてこれは、文章を書く世界に限らないと私は思っています。実はすべての仕事に「相場」はあるからです。

相場観を活かした仕事をする

仕事における相場観とは何か。わかりやすいのは、その仕事のレベルはどのようなものか、**レベル相場を理解する**ということでしょう。

例えば上司に資料づくりを命じられたという場合、どんなクオリティレベルの仕事をすれば上司は納得してくれるのか。あるいは褒めてくれるのか。

それを把握できているでしょうか。アウトプットイメージを共有するのと、これはちょっと違います。

自分の主観で「このレベルでやっておけばいいだろう」と思ったことが、上司の客観で見れば、「こんなレベルでOKは出せない」ということにもなりかねないのです。

では、どうやって仕事のレベルの相場を探るのか。

そのひとつのヒントが、**過去の仕事を探る**ことです。Chapter3のアウトプットイメージのところで、サンプルや参考になるものを探してみると書きましたが、それはレベル相場の確認にも役に立つのです。

上司に仕事を頼まれたとき、過去の仕事について、上司に尋ねてみるといいと思います。「いい実例はないですか」「何かお手本になるようなものはありませんか」「サンプルとして参考にできるものはありますか」……。これによって、頼まれた仕事のレベルを理解することができます。その仕事の相場観がわかるのです。

もし、上司がイメージを持っていないようであれば「過去にこういう仕事を依頼されたことがないか」「何かいいサンプルになるものはないだろうか」と先輩に聞いてみるのもいいでしょう。

お客さまに何かを提出するときも同様です。ただしお客さまに見本をもらうのは、なかなか難しいかもしれません。もちろん「何かいいサンプルになるものを」とお願いできるような関係にあれば、積極的にしたほうがいいと思います。

お客さまとて、求めているものとレベルが大きく逸脱したものを受け取っても、困ってしまいます。それなら、最初にきちんとレベルを提示しておいたほうがいい。そこはストレートに聞いてしまってもいいかもしれません。

もしお客さまのところにないのであれば、これもまた社内で探してみることです。似たようなものを先輩が手がけていないか。別のお客さまに出して評価されたものはないか。とにかく相場をイメージできるような見本を探すのです。

勘違いしないでほしいのは、もらった**お手本やサンプル、見本をそのまま真似ろという意味ではない**、ということです。あくまでそれらは、仕事レベルを知る、相場観を知るツールに過ぎません。そのレベルまで、あるいはそのレベル以上の仕事をしようとするために、ツールとして使えばいいというだけです。

そのものずばり、サンプルにならなくても、似た仕事、近い仕事、上司の仕事、同僚や先輩の仕事、同じ部署の仕事など、相場観を知るヒントはたくさんあります。

こんなことを取材で語っていた経営者がいました。

「会社員時代、異動したりすると、まずはその部署がどんな仕事をしているのか、部署内の書類などを一気に読み込んでいった」というのです。部署のことを知ることができるばかりでなく、部署の仕事の「相場」を知ることができるからです。

例えば中期経営計画を作ることになったら、過去一〇年分の社内の中期経営計画を見るといい。そこには、担当者がどこに力を入れ、何に悩んだのかも見えてくる。

一方で中には、新会社や新しい組織だったり、まったく新しい仕事で、サンプルも何もないというケースもあります。これは極めて難易度の高い仕事になります。なぜなら相場観がないから。

しかしこの場合もヒントはある。それは人です。上司や所属している人を見て、相場を把握していく。どのくらいのレベルの仕事が求められるのかを意識して見ていく。

会社でただ漫然と仕事をしているだけでは不十分です。仕事も人も、しっかり相場観を意識して見る必要がある。できる人は、こういうことをやっているのです。だから、きっちりと周囲から評価を得られるのです。

ターゲットメリットをもとに情報を取捨選択する

アウトプットを考えるとき、最もたくさん出くわすことになるのは、情報の取捨選択の概念かもしれません。

資料作りを頼まれたとき、どの情報を資料に盛り込み、どの情報を外すか。セールスの企画書を作ってプレゼンするとき、どのポイントを一番に持っていくか。これら情報の取捨選択を考えるとき、大きなヒントがひとつあります。それが、ターゲットメリットを考えるということです。

ターゲットを満足させることが仕事の最終目的。そうであるなら、ターゲットを軸に情報の取捨選択を考えることが重要になるのです。

私の仕事でいうと、雑誌の記事などは文字数が限られています。一方で取材した内容はたくさんある。このとき、どの情報を原稿に盛り込み、どの情報を使わないか。ついついやってしまうのが、書き手が面白いと思う内容を並べてしまうことです。しかし、書き手が面白いと思っていることが、必ずしも読者にとって面白いとは限らない。

Chapter2でふれたとおり、雑誌を買ってくれる読者こそが、ターゲットなのです。だからターゲットをイメージしながら取捨選択していく。「きっと読者なら、こういう情報が欲しいに違いない」と考えて原稿を作る。

となると結局、ターゲットを深く知ることが重要になります。ターゲットが理解できていなければ、取捨選択の指標がなくなってしまうのです。

ここで意味を持ってくるのが編集者です。読者に近いところで仕事をしている編集者はターゲットをよく認識しています。だから仕事の編集者とターゲットについてしっかり共有することが重要なのです。

先に相場観に着いてふれましたが、記事によってターゲットは微妙に変わったりします。ターゲットをできるだけイメージすることで、編集者と同じ目線でターゲットに合った情報の取捨選択ができるようになる、というわけです。

これは書籍や雑誌の記事づくりに限らず、他の仕事でも同じだと思っています。ここで例に挙げた編集者は、仕事の依頼者と考えていいでしょう。上司に資料を頼まれた。提出先は上司の上司である部長。これが本当のターゲットです。

では部長はなぜ、この資料を求めたのか。どんな状況にあり、どんなことに関心を持っているのか、上司の課長と一緒に考える。ターゲットを考えることによって、情報の取捨選択ができるようになっていきます。

セールスのための企画書ならどうか。ターゲットはお客さまです。となればお客さまの状況をしっかり分析しなければならない。こちらがどう売るかの前に、お客さまがどういう状況にあるのかを把握する。

場合によっては企画書を出す前に、お客さまの状況をヒアリングする機会を真っ先に設けたほうがいいかもしれない。それによって企画書の情報の取捨選択はできるようになります。

アウトプットを考えるときには、ターゲットメリットを強く意識するのです。

想像力で差が出る、ターゲットへの訴求ポイント

「ターゲットメリットを意識しながら情報を取捨選択する」と書きましたが、実際には流れている情報は大量にあります。

そこから情報を整理して、正しい結論を出していくことは、やはり簡単ではありません。

また、ターゲットメリットを知るには、いろいろなターゲットがイメージできる想像力も必要になってきます。

・自分がアウトプットしようとする企画や資料、文章やコピーが、ターゲットにとってどのように受け取られるか。
・ターゲットが求めているものは何で、それに過不足なく応えられているか。
・依頼者のターゲットが好む仕上がりになっているか……。

こういうことに配慮を巡らせるには、想像力の豊かさ、多彩さが欠かせません。

では、そうした想像力をどう培っていけばいいのか。いろいろな人にとって必要な情報に反応できる情報感度をどう磨いていくか、といい換えてもいいかもしれません。


これについて興味深い話をしてくれたのは、ある外資系企業のトップでした。ただひたすらに、膨大な量の情報を浴び続ければいい、というのです。

今や特に何もしなくても、たくさんの情報が入って来る時代です。

パソコンやスマホを開けば、ニュースも入ってくる。SNSで個人の書き込みも見えてくる。シェアする情報も流れている。そして多くの人が新聞を読み、テレビを見て、雑誌にも目を通しています。これをどんどんやればいいというのです。すべてを細かく読み込まなくてもいい。とにかく情報のシャワーを浴びる。

このとき、ひとつだけ意識することがあると彼は語っていました。それは大事なニュースは何かということです。

膨大な量の情報の中から、「大事なもの」というアンテナを立てておくのです。そうすることで、引っかかる情報が出てくる。

ただ情報が受け身に流れていくのではなく、こちらから取りに行けるようになるのだ、というのです。


別の著名な経営者はこんなことを語っていました。彼のもとには、毎週月曜日に各事業部門から分厚いレポートが上がってきていたそうです。それを束ねたものは、厚さが一〇センチ以上にもなっている…。

そのすべてを読むことなど、とてもできない。では彼はどうするのかというと、斜め読みしながら、どんどんめくっていくのです。そうすると、「おや？」と引っかかる箇所が出てくるといいます。そこにだいたい問題点があり、すぐにそのレポートを書いた担当者に電話で問い合わせるのです。

大事なのは、**膨大な量の情報に慣れ、そこから本質的なものを吸い上げる意識を持っておく**、ということなのです。

先の外資系社長は、**インサイト**（消費者行動の背景にある意識を洞察し、購買行動の核心を探ること）という表現を使っていました。本質は何か、インサイトは何かというアンテナを立てながら、膨大な量の情報に接していくのです。

若い時代の仕事は、その仕事自体の構造が比較的シンプルです。先にも書いたようにターゲットメリットもわかりやすい。

ところが仕事の難易度が高まると、情報の取捨選択の難易度もどんどん高まっていきます。そして大量の情報に接しなければならなくなると、その扱いに困るようになっていくのです。

実は私の本づくりの仕事も似たところがあります。膨大な量の情報に埋もれてしまう。では、何をしているのかというと、実は同じです。アンテナを立てながら、あえて情報の洪水に身を埋めていくのです。そこから先は、ある種の感覚的な部分でキーワードをチョイスしていっています。

このとき、意味を持ってくるのが感覚であり、身体性のようなものです。直感であったり、勘のようなもの、といってもいいかもしれません。

これは、ロジカル（一般的にビジネス上で「ロジカル」という言葉はなぜそういえるのかという根拠を示し、誰にでも納得できるようにすることを指す）に説明することが、なかなか難しい。

ロジカルに考えることを最も重視していると思われるコンサルタントも、実はその重要性を語っていました。「**何か気持ち悪いという感覚を極めて重視する**」というのです。

先に述べた毎週分厚いレポートを読む経営者の例でいうと、その「違和感」が、足りないところを発見するセンサーです。

人間の脳の力はすべて解明されていません。その奥底にはまだわからない能力がたくさん潜んでいるといわれています。感覚や直感、身体性のようなものは、これと関係があるのかもしれません。

いずれにしても、そういう能力が存在しているということには気づいておいたほうがいいと思います。そして意識して使おうとしてみる。

そのためにも大量の情報にふれていくことは大切です。

意識を持って「本質やインサイトはどこにあるのか」と頭に描きながら情報のシャワーを浴びてみる。

実はそういうことを多くの経営者やコンサルタントがしているのです。

まとめ　CHAPTER 5

☑ 仕事の準備ステップでは、**考える時間が極めて大切**。必要なステップを経た後、まずは一度、頭をクールダウンさせて考える。これが、アウトプットのレベルを大きく左右する。

☑ 自分の主観だけでアウトプットを考えようとするのではなく、客観的な情報も理解する。それがアウトプットの相場観を作る。

☑ 情報の取捨選択を考えるときのヒントは、ターゲットメリットを考えること。ターゲットメリットを知るには、インサイトを想像する。

☑ 膨大な量の情報に慣れ、本質的なものを吸い上げるには、「大切なもの」というアンテナを立て、感覚や身体性も使ってみる。

CHAPTER

6

仕事を
アウトプットする

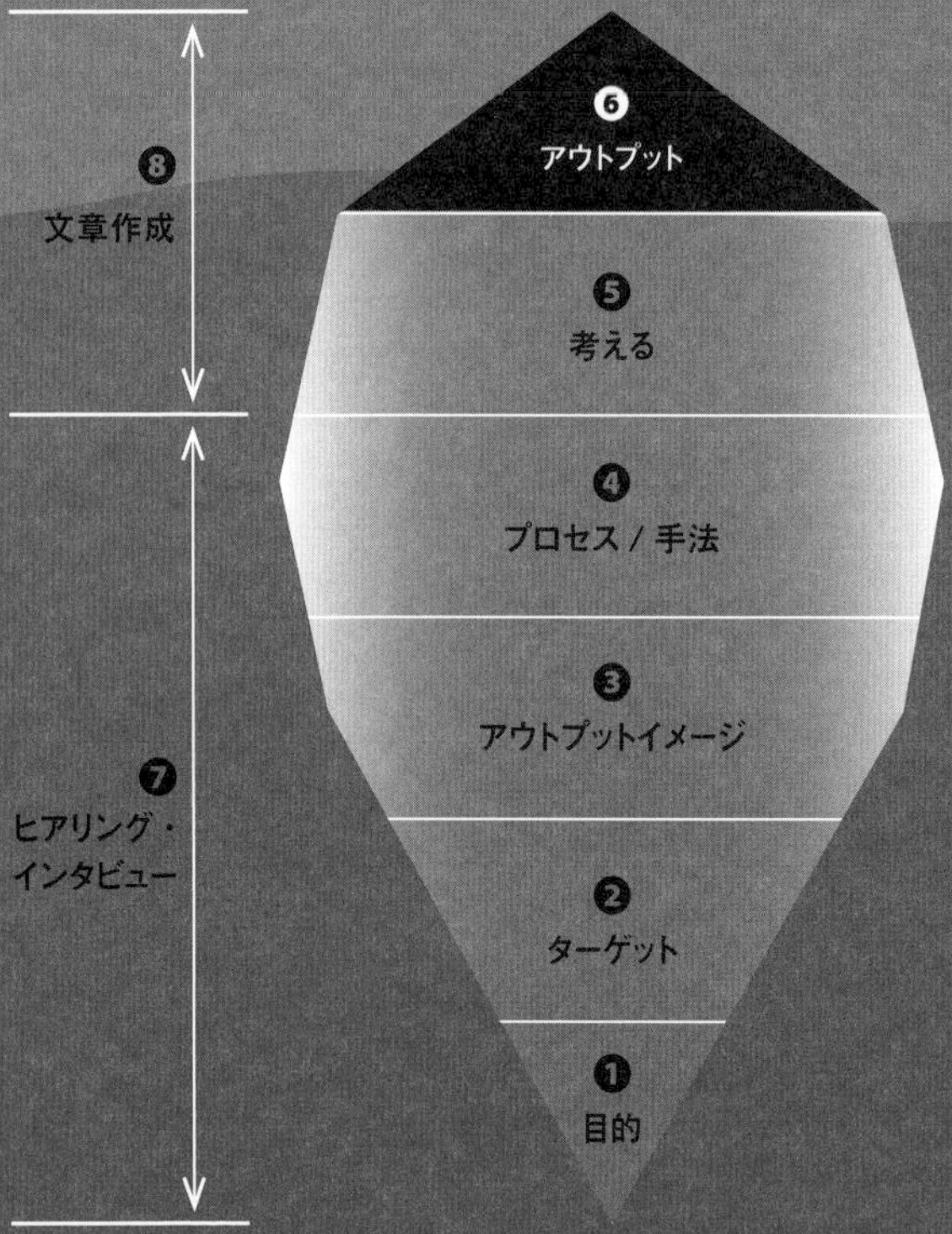

アウトプットは最後の最後

目的の確認に始まり、ターゲット、アウトプットイメージの共有、プロセス／進め方づくり、アウトプットを考える、という手順を踏んで、ようやく仕事をアウトプットするステップまでやってきました。

「こんなに準備に手間暇がかかるのか」と思われた方もおられるかもしれません。

しかし実際には、仕事のほとんどは準備だという印象を私は持っています。

どんな仕事であれ、最終的なアウトプット＝成果物として表に見えている部分はわずかでも、その下には膨大な準備がある。そこにこそ時間と手間がかかっているのです。

したがって、準備がうまくできていないと、アウトプットのクオリティも低くなります。結果として仕事がうまくいかない。

何度もやり直し、差し戻しを仕事の依頼者にくらってしまうのは、ほとんど準備段階に問題があるのだと思います。

ところが、どうしても早くアウトプットに目が向いてしまう。早くアウトプットをやりたい、早くアウトプットをせねば、という気持ちから、準備がしっかり整っていないのに、アウトプットに気持ちが行ってしまう。これでは文字通り「準備不足」になってしまいかねないのです。

アウトプットは最後の最後だという意識でいいと思います。

それまでの**準備に七、八割の時間とパワーをかける**。そして最後の最後でアウトプットに挑むということです。

私のような書く仕事でも同じです。

例えば雑誌のインタビュー記事を作る。取材に行くと、ワクワクするようなお話が聞けたりします。

そうするともう、原稿を書きたくてしょうがなくなるのです。それで思わずインタビューでもらった言葉を中心に書き進めてしまったりする。

これをやると決まってうまくいきません。

仕事の全貌を理解し、目的、ターゲット、アウトプットイメージ、プロセス／進め方、アウトプットを考えるというところまで、きちんとステップを踏まないと原稿は正しい方向に進んでいかないのです。


インタビュー内容がよかった、面白かったという勢いだけで書き進めたはいいものの、最後まで原稿が書ければまだいいほうです。

素材の整理もできていない。原稿の設計も構成もできていない。そんな形で見切り発車してしまうと、多くの場合、途中で書き進められなくなってしまうのです。


文章も準備が重要なのです。しっかりと準備をしてから書くから、書きながら文章が止まったりすることなくスピードも出てくる。文章にリズムや勢いも出てくる。依頼者が求める内容をしっかり盛り込んでアウトプットイメージに近づけることができる。

本づくりの仕事に至ってはもっと準備が重要です。一〇万字の本を書き進めていくのです。一つひとつ確実にステップをこなし、書くための素材を整理し、設計図を作り、構成をしっかり考えて初めて、書き進めることができます。文字通り、アウトプットは二、三割くらい、というイメージです。

これは最近は多くなってきた講演のスライドづくりなども同じだという印象を持っています。ステップを踏んで、しっかり素材を集め、どう展開するのかを考えてから、最後の最後でアウトプットしていくのです。

準備をしっかりやっていなかったために失敗してしまったという話は、いろいろな場でも耳にする話ですが、自分の経験でも、アウトプットを急いでしまったときは、うまくいかないことがほとんどです。何より思うようなアウトプットができない。

しっかり準備をする大切さを改めて痛感することが多いのです。

アウトプットの前、過去のステップに戻る手間を惜しまない

準備がきちんとできて「さぁアウトプットに向かうぞ」というとき、ひとつ心掛けておいたほうがいいことがあります。

それはアウトプットに入る前には一度、過去のステップに立ち戻っておくことです。

- ・**目的はどのようなものだったか。**
- ・**本当のターゲットは誰なのか。**
- ・**依頼者から求められ、共有したアウトプットイメージはどのようなものだったのか。**

図 5 アウトプットに当たっての過去ステップ確認

自分の思い込みでアウトプットを組み立ててしまうと、準備したことがムダになってしまう。依頼者が求めるものになっているかの確認と検証が必要。

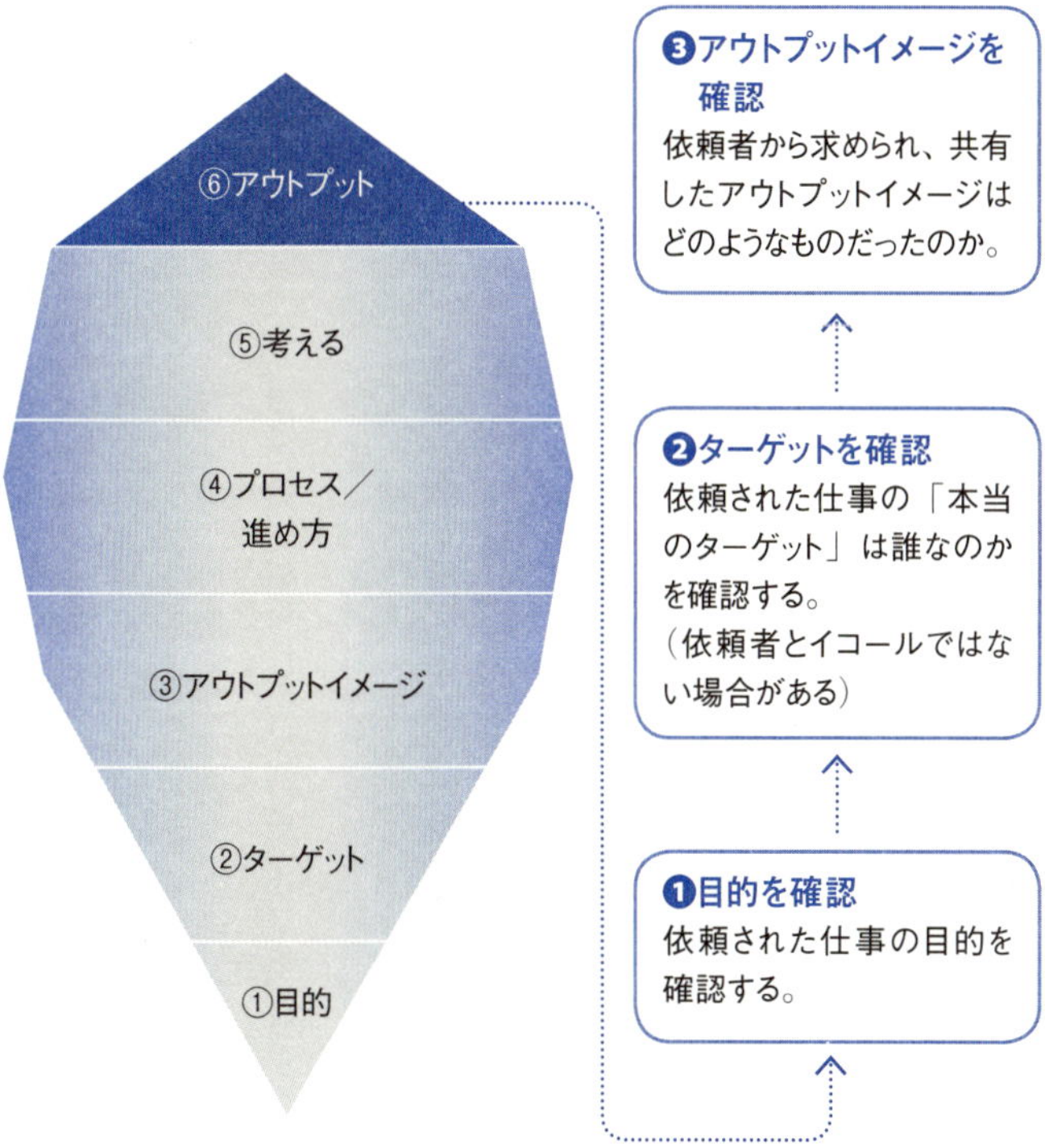

というのも、「プロセス／進め方づくり」と「考える」のステップで、アウトプットにぐっと気持ちが寄ってしまうと、目的・ターゲット・アウトプットイメージがぼんやりとしたものになってしまい、そこから離れたものになっていってしまう可能性があるからです。

どうしても「これは入れておきたいな」「こんなふうにしたいな」といったアウトプットのディテールに、惑わされるようになっていくのです。

例えば雑誌のインタビュー記事を作る仕事なら、目的、ターゲット、アウトプットイメージをクリアにしても、文章の素材にふれると気持ちがそちらに行ってしまう。どの素材を使うのかの基準は本来であれば、目的、ターゲット、アウトプットイメージから取捨選択していかなければならないのに、素材を見て自分の主観で選んでしまったりするようになるのです。これでは誤った選択をしてしまいかねない。

改めて前のステップに立ち戻っておくことで、自分の過ちにも気づけるわけです。

もっと危険なケースもあります。準備のステップを踏んではいるのですが、実は最初から結論をあらかじめ決めてしまっていて、アウトプットについて「こうしよう」という強い思いが生じてしまっている場合です。

それを持ちながらいくら準備のステップを踏んでいても、これではステップを踏む意味がありません。

ところが、こういうケースはけっこう多いのです。特に始まりからアウトプットまでの期間が短い場合、自分の勝手な思い込みで一気に進めてしまおうとしてしまいがちになる。これでは依頼者に求められる仕事ができるはずがありません。やり直し、差し戻しになる可能性は高い。

したがってこれからやろうとするアウトプットは、本当に依頼者が求めるものになっているのか。きちんと基本のステップを経たものなのかを確認する上でも、一度、立ち返ってみたほうがいいのです。

私はよくやっていましたが、目的、ターゲット、アウトプットイメージは、紙に書いてメモを貼り付けておく。特に本を作るときなどは期間も長いし、原稿の作成までにかなりのステップを経ることになります。ともすれば基本のステップから離れていってしまうことになりかねない。

文字で書かれたメモがあれば、すぐに基本に立ち返ることができます。メモするだけで大きく仕事がずれてしまうことを防いでくれるのです。

表現ではなく情報素材が勝負を分ける

アウトプットとは準備のステップを経て、考えてきたことを表に出していくこと＝**成果物としてまとめる**ということです。

ビジネスの場面では、多くが書面などのペーパー、テキストや図、写真などのデータということになるでしょう。どんなに一生懸命に考えたとしても見えるのはアウトプットだけというのが現実です。

せっかく準備のステップを踏み、しっかり考えたのに、アウトプットが雑なものになっていたら評価してもらうのは難しい。だから丁寧に仕上げていくという心掛けが極めて大事になる。

しかし、ただ丁寧にできていればいいわけではありません。重要なことは、依頼者が求めるものをしっかり満たしているかということです。

この最終段階でよくあるすれ違いは、よりよいアウトプットにしようと表現に懲りすぎてしまうことです。

テキストにしてもデザインにしても過剰なものにしてしまう。丁寧さを求めるがゆえの落とし穴ともいえます。

文章でも書き手のこだわりが強いと、懲りすぎたものになってしまうことがあります。書き手の思いを伝えたい気持ちが過剰に文章に表れてしまうのです。

こうなると読み手はむしろ気持ちが引いてしまう。書き手が熱くなっていることに、気が付いてしまうのです。

だからこそ常に書くときには冷静でなければならないと私は思っています。過剰に盛り上げようとしても、読者はそうそう付いてきてくれるものではない。むしろ誘導しようとする意図に反発が生まれることが多いからです。

私は文章で最も重要なことは素材だと思っています。素材がしっかりしていれば、それだけで読み手はきちんと感じてくれます。そこに余計な装飾はいらないのです。

文章に関する本などで、伝わる文章の方法として、私がよく書いているのは、「形容する言葉をできるだけ使わない」ということです。ダメな典型例は、形容詞がずらりと並んだ文章です。小学生の作文がそうでしょう。

楽しかった。おいしかった。うれしかった。美しかった。気持ちよかった……。これでは、まったく相手には伝わりません。

形容詞を使った瞬間に、文章は一気に小学生化する危険があると思ったほうがいい。形容詞とは事実を読んで読み手が感じる感想のことです。どうして楽しかったのか。どうしてうれしかったのか。その素材こそが重要なのです。

これはビジネスの世界でも同じ。

思いをより伝えようと形容する言葉、強調するような言葉を使うと、逆効果になりかねません。極端な話、**いい素材をきちんと丁寧に並べるだけでもいい**のです。素材こそが重要なのです。

もうひとつ、Chapter3・Chapter4で、アウトプットイメージの共有のためにやるべきことや、サンプル、参考になるものをうまく使う方法を書きました。これが大きく生きてくるのがアウトプットのステップです。

特にサンプルや参考になるものから相場観を理解して、レベルに合ったアウトプットを目指さなければなりません。

少し前のステップに立ち戻るとすれば、アウトプット時点で気になることを、きちんとクリアしておくことです。

特に依頼者が注意深く見るところ、特に気を付けてほしいポイントを直接、アウトプットイメージの共有の際に聞いておくことができれば、やり直し、差し戻しの可能性も減らすことができます。

依頼者は過去に自分もやり直し、差し戻しをした嫌な思いをたくさんしているはずなのです。よく過ちが起きそうな部分をよく知っている。

とりわけ、どこに気を配っておくべきかを聞いてみるのは意味があると思います。

そうすることでアウトプットイメージはより強固に共有でき、お互いにやり直し、差し戻しというロスを防ぐことができるのです。

いきなり完成を目指さない。粗々《あらあら》から精度を上げる

アウトプットの際、時間短縮、クオリティアップ、締め切りのプレッシャーに追われないという意味で、ひとつのやり方があると思っています。

それは「いきなり完成を目指さない」ことです。最初は六〇点〜七〇点程度のものを作り、そこから何度も見返してどんどん精度を上げていく。

この方法のメリットは大きな枠組みがぶれなくなるということです。

いきなり完成形を目指そうとすると、どうしてもマクロ的な視線よりも、ミクロ的な視線に頭が向かってしまいがちです。

そうなると大きな枠組みが見えなくなっていく危険がある。

そうではなく、まずは大きな枠組みをぶれなく作るのです。それから細かな部分を作り込んでいく。

日々大量の仕事を抱えている私が、実はこのスタイルで仕事をしています。雑誌のロングインタビューの仕事もいきなり完成原稿にはしません。まずは粗々でざっと書いてしまうのです。ボリュームもある程度揃っているだけ。後で調整をすればいいと考えているからです。

粗々で書き上げるだけですから、ある程度時間が読めます。そのため仕事の時間見積もりがしやすくなる。そして、粗々で書き上げたあとはひとまず放っておくのです。スケジュールにもよりますが、三度、四度と見返しますから、そのときに細かなところは修正すればいいと考えています。見返すタイミングも、スケジュールに組み込んでいきます。

本づくりの仕事も同様です。まずはざっと粗々で一冊、書き上げてしまう。細かなことはあまり気にせず、大きな枠組みを強く意識しながら勢いよく書いてしまう。その後、三度、四度と推敲していきます。

毎月、本の仕事を持っていますから、だいだい月の半ばまでには一冊書いてしまい、その後は他の仕事をしながら少しずつ推敲していくのが毎月の流れです。

このスタイルがいいのは、私にとっては締め切りのプレッシャーから逃れられるという点が大きいかもしれません。

最終的にはもちろん一〇〇点の成果物を求められますが、万が一のことが生じた場合、八〇点、九〇点でも原稿を出せる体制を作っておくことができます。

もしこれを最初から丁寧に書いて月末に書き上げるという方法だと、そうはいきません。仮に二〇日頃に体調を崩したら、「もしかしたら間に合わない」というようなことにもなりかねないわけです。

もうひとつの利点は、原稿を寝かせられる、ということです。

原稿を書くときは、どうしても気持ちが熱くなっています。冷静に書こうと心掛けていても熱くなる。だから冷ますのです。

粗々で書いた原稿は一日置いたり、場合によっては数日置いてから見返したりします。そうすると思っていた以上に熱くなっていたことに気づいて、修正することができるのです。

書き上がって一日でも過ぎていると、書いている立場ではなく読者の目線で原稿を読むこともできる。その目線で原稿を修正していくことも可能なわけです。

講演用のスライドを作るとき、企画書を作るとき、大事なメールの文章なども、まずは粗々で一気に作って、少し寝かせてから微調整を何度も繰り返す。そうやって精度を上げていきます。

もちろん仕事のやり方は人それぞれ心地よいものがあると思います。「締め切りのプレッシャーが嫌い」「大きな枠組みをしっかり作りたい」「余裕を持って仕事を進めたい」という人なら、粗々で作って精度を上げていくというやり方はとてもお勧めできると思います。

これは発注者への途中報告でも効果的です。報告で「粗々で一通りできています」というメッセージは「七割のところまで原稿ができています」よりも発注者には安心感につながるようです。なんといってもいちおうは完成しているわけですから。

いきなり完成させようとせず、ざっと作って後で見直して精度を上げていく。とてもメリットの多い仕事のやり方だと私は思っています。

アウトプットをしっかり検証する

仕事のアウトプットの最終局面は、依頼者への提出ということになります。その直前にしっかりやるべきこと、それがアウトプットの検証です。ここで最終的に最初からのステップに立ち返って成果物をみるのです。

- **出来上がったアウトプットは、仕事の目的にしっかり合致したものになっているか。**
- **本当の仕事のターゲットを意識できたものになっているか。**
- **求められたアウトプットイメージにきちんと応えられているか。**

・プロセス／進め方をしっかり踏んだか。
・アウトプットは正しく考えたか。

仕事の受け手には常に大きな落とし穴が潜んでいると私は思っています。
それは、**依頼者の期待の大きさに、どうしても気づけない**ということです。
依頼者にとっては求めるものがしっかりクリアされて出てくると思っている。

・考え方は正しいか。
・求めた要求、仕様を満たしているか。
・本当のターゲットの利益を理解したものになっているか。
・気遣いはきちんと加えられているか。
・求められるレベル、水準を超えているか。
・提供したサンプルや参考資料をきちんと意識して作ったか。

ところが仕事の受け手は多くの場合、これがイメージできない。

ちょっとくらいなら……。

このくらいは……。

少しなら期日を過ぎても……。

そういう甘えの気持ちで受け止めてしまうものだと思うのです。


ちょっとした小さなミスも、依頼者にとってはとても気になるものになる。仕事の受け手が思っている以上に大きな痛手を生むことは少なくないのです。

だから気持ちを引き締めなければなりません。求められるものにきっちり応える、という気持ちで仕事を最後まで推し進めなければならない。ここでしっかりとした検証が重要になる。これがやり直し、差し戻しを防いでくれます。


それでも残念ながら、依頼者からやり直し、差し戻しを命じられることになってしまうかもしれない。このときに大事なことは、それを素直に受け入れることだと思っています。どうしてそうなってしまったのを依頼者としっかり検証する。

ここでしっかり検証しておかないと、やり直しがさらに続いていくようなことになりかねません。どんな点を指摘されたかを理解することで、自分に何が足りなかったのかを理解することができます。

最もしてはならないのは、どうしてやり直し、差し戻しになったのかを検証することなく、ただ依頼者のいうままに修正してしまうことです。

これでは根本原因にいつまで経っても気づけないことになる。また同じ過ちを、繰り返してしまう危険があるということです。

仕事はできれば失敗したくない。でも失敗してしまうこともある。

大事なことはそれを学びにつなげられるかどうかです。

誰だって最初から完璧にできる人はいない。失敗して少しずつ学びを深めていって、仕事の力を上げていくのです。

なのに失敗をしっかり検証できなければ、また同じことが起きてしまう。成長ができないということです。

アウトプットを提出する前の検証。そして、依頼者からフィードバックがあった後の検証。両方の検証を、ぜひとも大事にしてほしいと思います。

まとめ CHAPTER 6

☑ アウトプットに入る前には一度、過去のステップに立ち戻っておく。
・仕事の目的にしっかり合致したものになっているか。
・本当の仕事のターゲットを意識できたものになっているか。
・求められたアウトプットイメージにきちんと応えられているか。
・プロセス／進め方をしっかり踏んだか。
・アウトプットは正しく考えたか。
特に、目的・ターゲット・アウトプットイメージは、本当に依頼者が求めるものになっているのかを確認する。

☑ 丁寧に仕上げる心掛けは極めて大事。それよりも重要なことは情報素材。コンテンツの中身が重要。

☑ 仕事のアウトプットの最終局面では、しっかりアウトプットを検証し、信頼性を損なわないようにする。

CHAPTER

7

人に話を聞く——ヒアリング／インタビューの方法

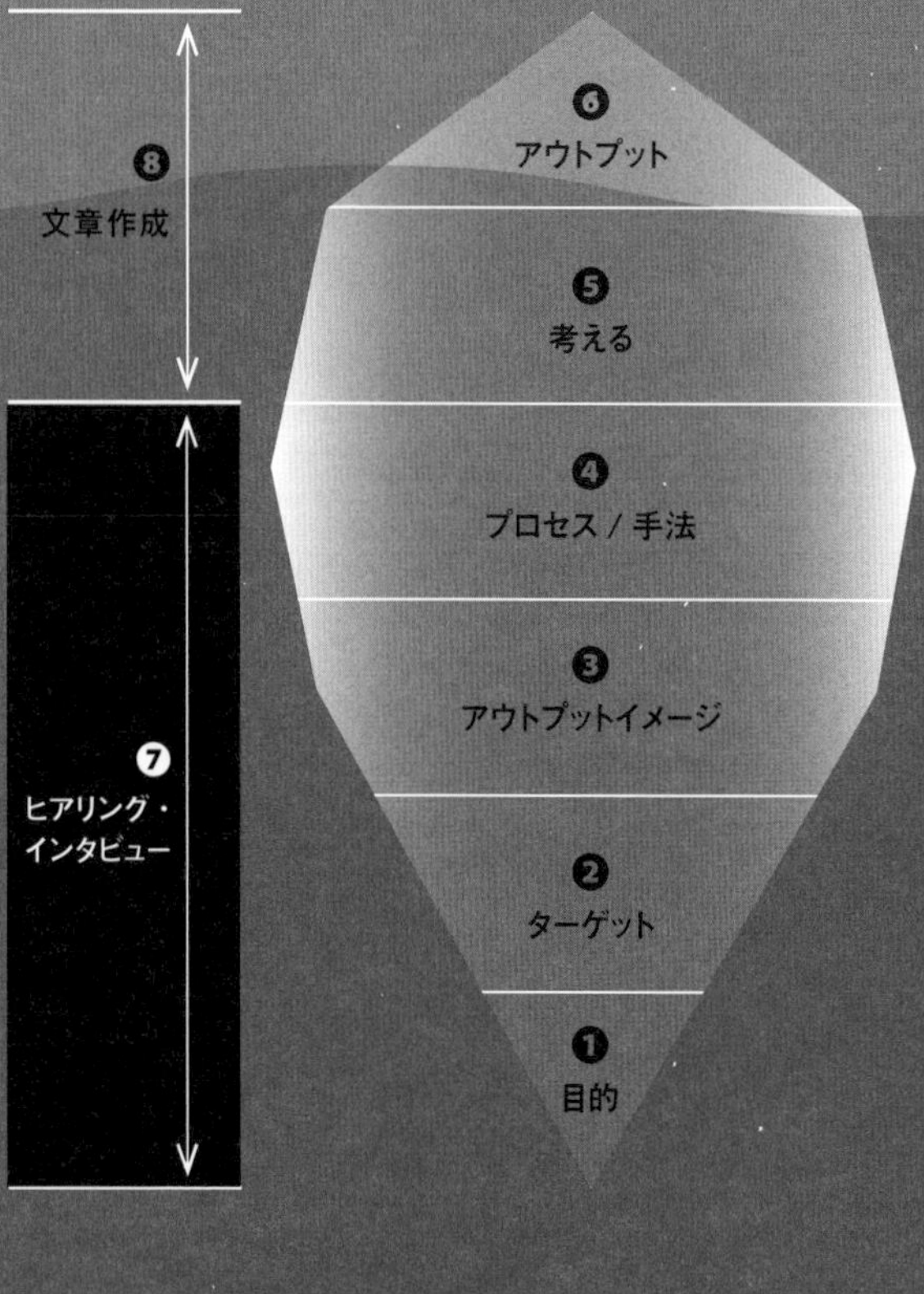

話すより聞くことが重要なコミュニケーション力

仕事の準備では、目的を確認するにも、ターゲットやアウトプットイメージを共有するにも、仕事の依頼者とのコミュニケーションが極めて重要になります。

ここで重要になるのが聞く力です。聞くことで私たちは多くを得ることができる。

私のような書く仕事の場合、聞くことで得られる内容が文章の素材になります。

文章はそれほどうまくなくても素材が魅力的であれば、十分に読者を惹きつけるものになると私は考えています。これが逆だと、どうにも寂しい話になりかねません。

そんなわけで、人に話を聞くということに、私はかなりのこだわりを持って今も取り組んでいます。

アウトプットのための準備力を求めている、読者のみなさんの少しでもお役に立てればということで「ヒアリング／インタビュー」の章を設けることにしました。

まず、人に話を聞くときには、大事な心得があります。「話を聞かせてくださってありがとうございます」という感謝の気持ちです。この心得をしっかり持っているかそうでないかを、話を聞く相手は実によく見ています。心得のない人には残念な気持ちが湧きます。逆に心得を持っている人には「話してやろう」という気になります。

依頼者から仕事の詳細について話を聞くときも、情報を得るために社内外にインタビューに行くときも、感謝の気持ちを持って臨まなければなりません。

その気持ちは立ち居振る舞いを通じて、しっかり相手に伝わるからです。

そもそも、今はみんな忙しい時代です。話を聞く側は「三〇分や一時間くらい」と思っているかもしれませんが、時間を取られるほうは極めて貴重な時間なのです。

貴重な時間をもらっているのだ、ということに気づくと行動が変わっていきます。

相手に無駄な時間を一切使わせまいと思うようになる。

約束時間ぴったりにインタビューを始めようと考える。

しっかり準備をして、相手にも納得のいく時間にしてもらおうと思う。

自分の時間を大切にする人は、相手の時間も大切にできる人です。自分の時間を大切に思うなら、相手の時間も大切に思う必要がある。

たったこれだけの心構えの違いで、ヒアリング／インタビューはまったく違うものになると私は思っています。

実際私はよくこう口に出して、取材を始めます。


「今日は貴重な時間をいただいて、ありがとうございます」

こういわれて、悪い気分になる人はいません。時間を大切にしている人であれば、なおさらです。話を聞かせてもらっている感謝の気持ちとともに、大事にしなければならない心構えだと考えています。

話しやすい場作りを意識する

心構えとしてもうひとつ。

私はヒアリング／インタビューというのは、極めて難しいものだという意識を常に持っています。人に話を聞くことは、日常的に誰でも何気なくやっていることですから、それほど難しさを感じていないかもしれない。

しかし、仕事の場合はそうではないのです。

上司やお客さまという、気軽に何でも聞けてしまうような相手ではない。的確に聞かないと的確な答えは返ってきません。

もしかすると、ほとんど顔を合わせたことのない初対面の人間から話をあれやこれやと聞くことになるかもしれない。

となれば、話してもらいやすい場づくりを心掛けることが大事になるのです。


まずしなければならないことは、今日のヒアリング／インタビューは、何のためのものなのか、目的をはっきりさせることです。

私は取材のときには冒頭で必ず、この日の取材の目的を語ります。

そうすることで何を語ってもらいたいのか、相手にもイメージしてもらいやすいからです。

上司やお客さまから仕事の依頼を受ける場合、準備のための打ち合わせをする場合にも、その場が何のためにセッティングされたのか、何の仕事のためなのか、はっきりさせることが大事だと思います。


初対面のヒアリング／インタビューであれば、その前にも重要なことがあります。

それは第一印象です。

挨拶がきちんとできるか。笑顔で入っていけるか。身なりがちゃんとしているか。

こういうちょっとした印象で「この人にしゃべっていいのか」という態度は決まってしまうものです。注意をしなければなりません。

テクニックの話として、話を聞くという上でひとつ注意すべきことがあると思っています。それは話を聞きたい相手との座る位置関係です。テーブルなどで対面に座ってしまうと、視線が真正面からぶつかって、どうにも緊張感が生まれてしまうのです。

もし正方形のテーブルなら、正面でなく斜めに座るようにしたほうがいいと思います。そのほうが視線が真正面からぶつからずに済む。緊張感がやわらぐのです。テーブルの配置などで、やむを得ず真正面に座らなければならないときは、私はほんのちょっとでいいので、左右に椅子や身体をずらしてしまうことにしています。これだけでもずいぶん印象は変わります。

ソファでも身体を正面にせずに少し斜めにして座る。そうすることで、真正面から視線がぶつかることがなくなるのです。

場作りでもうひとつ、重要なのは、お互いの緊張をほぐすことです。

上司やお客さまの前だと緊張してしまうという声が聞こえてくることがありますが、緊張するのは理由があります。

緊張するときは、自分をよく見せたい、大きく見せたい、立派に見せたいというときなのです。

しかし、自分を大きく見せたところで何の意味もありません。評価されるのは、仕事のアウトプットです。

不思議なことなのですが、自分をよく見せようと思わなくなると、緊張は一気に引いていきます。自然体、いつもの自分でいいのです。

一方で相手が緊張していることもあります。特に初対面の場合。話を聞かれるほうは、何を聞かれるのかドキドキしてしまう。不安でいっぱいなのです。

これは話を聞く側がほぐす必要があります。

「普段通りにして下さって構いません」「緊張しないで下さいね」「自然体でいいですよ」と語りかけるだけでいい。この一言で、ぐっと空気は和みます。

どうすれば話しやすい場になるか。ぜひ頭を巡らせてみてほしいと思います。

目的・ターゲット・アウトプットイメージを意識した質問を用意する

仕事の依頼者との打ち合わせであれ、社内で情報を収集するためのヒアリング／インタビューであれ、何を聞き、どんな質問をするのかは、事前にきっちり準備しておく必要があると思っています。

私はどんな質問をするかを事前にきっちり考え、質問項目は紙にちゃんとメモして持っていきます。何より聞き漏らしを防ぎたいからです。貴重な時間をいただくのですから「あれを聞くのを忘れた」では済まない。

仕事の依頼を受けるときには、準備のために必要な要素を聞いていく必要があります。

仕事の目的、ターゲット、アウトプットイメージは確実にしっかり聞いておかなければならない。場合によっては、仕事のプロセス／進め方について相談してもいいでしょう。

このときも、何を聞いておかなければならないかを、きちんとメモして臨んだほうがいいと思います。取材と同じで、聞き漏らしがなくなるからです。

ここでしっかり聞いておかないと、後々、やり直しや差し戻しになってしまうのです。どうすれば、やり直し、差し戻しにならないか、そのための情報はすべて聞くというくらいで臨む必要がある。きっちり頼まれた仕事をこなすための情報収集です。

ヒアリング／インタビューのときは、質問項目を事前に考える際、注意することがあります。

それは、質問はできるだけシンプルなものにする、ということです。

長ったらしく、ややこしい質問では相手はすんなり答えられません。できるだけストレートでわかりやすい質問を作り、それをそのまま投げかけることです。

そしてもうひとつ、質問をする順番に気を付けることです。

思いついたまま「これも聞かなきゃ、あれも聞かなきゃ」ということだと、話があっちこっちに飛んでしまうのです。

質問しているほうはそれでいいのかもしれませんが、話しているほうは記憶をあちこちに飛ばさなければならず、けっこう大変なのです。

これは私自身がインタビューを受ける立場になって、痛感したことでした。キャリアの浅いライターで、とにかく質問がアトランダムにやってくる。これがどうにも話しにくかったのです。

聞きたい質問が浮かんだら、それをどの順番で聞いていくと自然なのかを考えていけばいいと思います。

質問する順番をあっちに行ったり、こっちに行ったりさせないというのは、仕事を依頼されるときの打ち合わせでも同じです。

物事には順番というものがあって、そのほうがスムーズに行くことのほうが多いのです。打ち合わせの冒頭で、いきなりアウトプットイメージから聞いても、答えるほうもなかなか難しい。やはり最初は目的からだと思うのです。
すべてが必ずしもつながっていなければならないわけではありませんが、なんとなく流れのようなものは作れるはずです。

さらにもうひとつ、とても大事なテクニックとしてあるのが、話しやすい質問から入っていくということです。

いきなり冒頭から本質を突くような質問をしても、そうそう答えられるものではありません。

特に第一声が出てくる質問や問いかけは、答えやすい質問にしたほうがいい。その第一声が、相手にとってはそのヒアリング／インタビューの空気感を決めてしまう可能性があるからです。

世間話をする必要はありませんが、最初は答えやすい質問を選ぶ。誰でも答えられるものにするのもいい。

企業に勤めている方なら所属部署、担当業務など、話しやすい質問から入ると、ぐっと緊張感もやわらぐのです。

その意味で本書はそうした思考のプロセスに沿って、書き進めたつもりでいます。ですから、この準備のフローに沿って聞いていくといいと思います。

目的、ターゲット、アウトプットイメージ、プロセス／進め方、考える、を大きな質問の柱にして、その下に自分が聞きたい小項目をリストアップしておくといいと思います。

人に話を聞く準備でも、「真の準備力＝想像力」ということがいえます。

- **依頼された目的を達成するために何を聞けばよいか。**
- **話を聞く相手はどういうことを話したいと思っているか。**
- **それがターゲットにとって聞きたい内容かどうか。**

想像力をフル稼働して準備する。ただし、予習しすぎないことも大事です。予習したとおりに相手を当てはめようとすると予定調和になってしまうからです。

私の場合、予習については七割を活かし、三割は本番で新しいネタを探るというイメージで臨んでいます。

質問への答えではなく、会話のキャッチボールの中に本質がある

ヒアリング／インタビューにおいては、もうひとつ留意しておくことがあります。質問項目を用意したからといって、こちらが期待していたような、思わずニンマリしてしまうような理想的な答えがすぐに返ってくるわけではない、ということです。

これは相手が取材慣れしている人であってもそうです。一つ質問をしたら、ペラペラと何分もしゃべってもらえるわけではない。たいがいは聞いたら、少しの返答でおしまいというケースも多い。

となると質問項目をそれなりに用意しても、まるで一問一答の短い原稿のように、

あっという間にヒアリング／インタビューが終わってしまうことになります。

かといって、とにかくたくさん質問項目を用意しておけばいいのかといえば、そんなこともありません。なぜなら細切れの答えをいくら語ってもらっても、なかなか本質的な話にはたどりつけないことが多いからです。

ではどうするのかというと、会話のキャッチボールをして、その質問をお互いに深めていくのです。

質問項目は会話のテーマであるといっていいと思います。

本題は、その後の会話のキャッチボールの中にあるのです。

相手が返してきた言葉に対してきちんと反応する。「自分はこう思うが……」と返してみる。もしキャッチボールが難しいなら、こういう返答を使うといいと思います。

「××とは、どういうことを意味しているのでしょうか？」

より深く語ってほしいというシグナルです。こう返すとより深く語ってもらえるようになります。

こんな切り返しもあります。

「今、××とおっしゃいましたが、こういうことでしょうか?」

自分がどう受け止めたのかを相手にぶつけてみる。そうすることで「はい、そうなんです」と詳しく話が始まることもあれば「いや、そうじゃないんです」と切り返されることもある。いずれにしても話は深まっていきます。

もうひとつ準備でできるのは質問項目に「枝葉」をつけておくことです。

私はだいたい一時間のインタビューなら、大きな質問を五、六個用意しておくだけです。ただしその下にキーワードをメモしておいたりします。

一つの質問で一〇分くらい話をしたいわけですが、会話のキャッチボールのためにキーワードを書いておく。そのキーワードを相手にぶつけてみる。質問に関連したキーワードですから、ここから話が盛り上がっていくことが少なくありません。

このときのキーワードは、事前に調べた相手の過去のインタビューの気になる話だったり、これは聞いておきたいと思ったことだったり、さまざまです。

もし一つの質問で会話が弾むようであれば、キーワードは必ずしも使いません。でもキャッチボールが難しいときには、このキーワードが威力を発揮します。

さらに、とっておきとして実際のターゲットに語らせてしまう方法があります。私の仕事であれば読者です。

「さきほどの話ですが、読者ならきっとこういうことが聞きたいと思うんです」

と返してしまう。不思議なことですが、「自分で質問や感想を考えなければならない」という呪縛から解放されると、いろんな質問や感想が浮かんでくるのです。

一般的な仕事でも、第三者を使ってみる方法があると思います。

「上司なら」「先輩なら」「後輩なら」「同僚なら」……。第三者に質問をさせてしまうとイメージする作戦。これは会話のキャッチボールに使えるので、ぜひトライしてみてほしいと思います。

事前に調べるのは、相手の相場観

お客さまとの打ち合わせに臨むとき、お客さまについて調べるというのは、ごく普通に行われることだと思います。このとき、ただ会社のホームページを見に行くことはしません。もちろん基礎的な情報を理解するために、ざっくり全体像を見に行ったりはしますが、それよりも大事なことがあると思っています。

それはお客さまについて、私でいえば取材相手についての〝相場観〟を理解するということです。その企業が、あるいは個人が「世の中からどんなふうに見えているか」。

それを事前に調べておくのです。

インタビューに臨むときは、私は必ず対象者についての情報を調べます。

ロングインタビューなどでは新聞社のデータベースや、過去の雑誌を保管している会社からインタビュー記事を取り寄せたりすることもありますが、それ以外は、ほとんどネットを数多く活用しています。ネットでも、かなりの情報が得られるからです。

私がよく行っているのは「名前」と「インタビュー」のアンド検索です。そうすると、ネット上にある、インタビュー記事が出てきます。

これが相場観のヒントになる。その人のプロフィールや人となりといった事実を理解することも大切ですが、それ以上に大切なのは、その人が世の中からどう見られているか。踏み込んでいえば「対象となるターゲットからどう見られているか」です。相場観がわからなければ、ターゲットとなる読者が面白く読めるインタビューにはなりません。

同様に企業であっても、相場観を理解しておくことは重要です。ホームページを見に行くのではなく、メディアに掲載された情報を見に行くのです。その企業をめぐる新聞記事、雑誌記事など、客観情報はたくさんあります。

ここでもアンド検索によって、社長や部門長のインタビューに出会えることもあります。第三者によって記された情報が、その企業の立ち位置を理解するのに役に立つことも多い。

ここから「その企業と仕事をするには何がポイントになるのか」という相場観を作っていくことで、仕事もしやすくなります。

メディアの客観記事は、資料づくりや企画書づくりでも役に立ちます。世の中からどんなふうに見えているか、メディアの記事は教えてくれるからです。それは情報素材になるし、説得材料のひとつにもなりえます。

人の話を聞くということで、最後にひとつ付け加えておきたいと思います。極めて基本的なことですが、聞くときの態度に気を付けるということです。ちゃんと目を見て対応する、メモをきちんと取る、場合によってはＩＣレコーダーで録音する、あいづちをしっかり打つ。

相手の顔を、目を見ることで「ちゃんと話を聞いていますよ」という意思表示ができると私は思っていますが、あいづちやうなづきもそうです。実はこれが意外にできていないのです。

あいづちやうなづきは聞く立場としての真剣さを相手に伝えられる。いい話を聞かせてもらっていると態度で示すことができる。

いいあいづちやうなづきがどのようなものなのか、説明するのはなかなか難しいのですが、ひとつヒントがあります。

それは周囲で、「どういうわけだか、この人としゃべっていると心地いいな」「なんだか、しゃべってしまうな」という人を見つけて、そういう人の特徴を見抜いていくことです。意外にあいづちやうなづきのポイントが見えてきたりします。

実はあいづちやうなづきには、もうひとつの利点があります。

それは「どうにもピンとこない話をされている」というときにも意思表示ができることです。

それまで大きくうなづいていたのに、それが弱くなれば相手も気づきます。力の入れ具合によって、してほしい話をしてもらうツールにすることができるのです。

まとめ　CHAPTER 7

- ☑ 「話す」より「聞く」ことこそ重要なコミュニケーション力。「話を聞かせてくださってありがとうございます」という感謝の気持ちを持つ。
- ☑ 話してもらいやすい場づくりを心掛ける。この、ヒアリング／インタビューは、何のためのものなのか、目的をはっきりさせる。
- ☑ 何を聞いておかなければならないか項目をメモして臨む。しっかり聞いておかないと、後々、やり直しや差し戻しになってしまう。目的・ターゲット・アウトプットイメージ・プロセス／進め方・考えるを大きな質問の柱にして、その下に自分が聞きたい小項目をリストアップしておくといい。
- ☑ 質問はできるだけシンプルなものにする。質問をする順番に気を付ける。

CHAPTER

8

文章のプロが考える、ビジネス文書の作り方

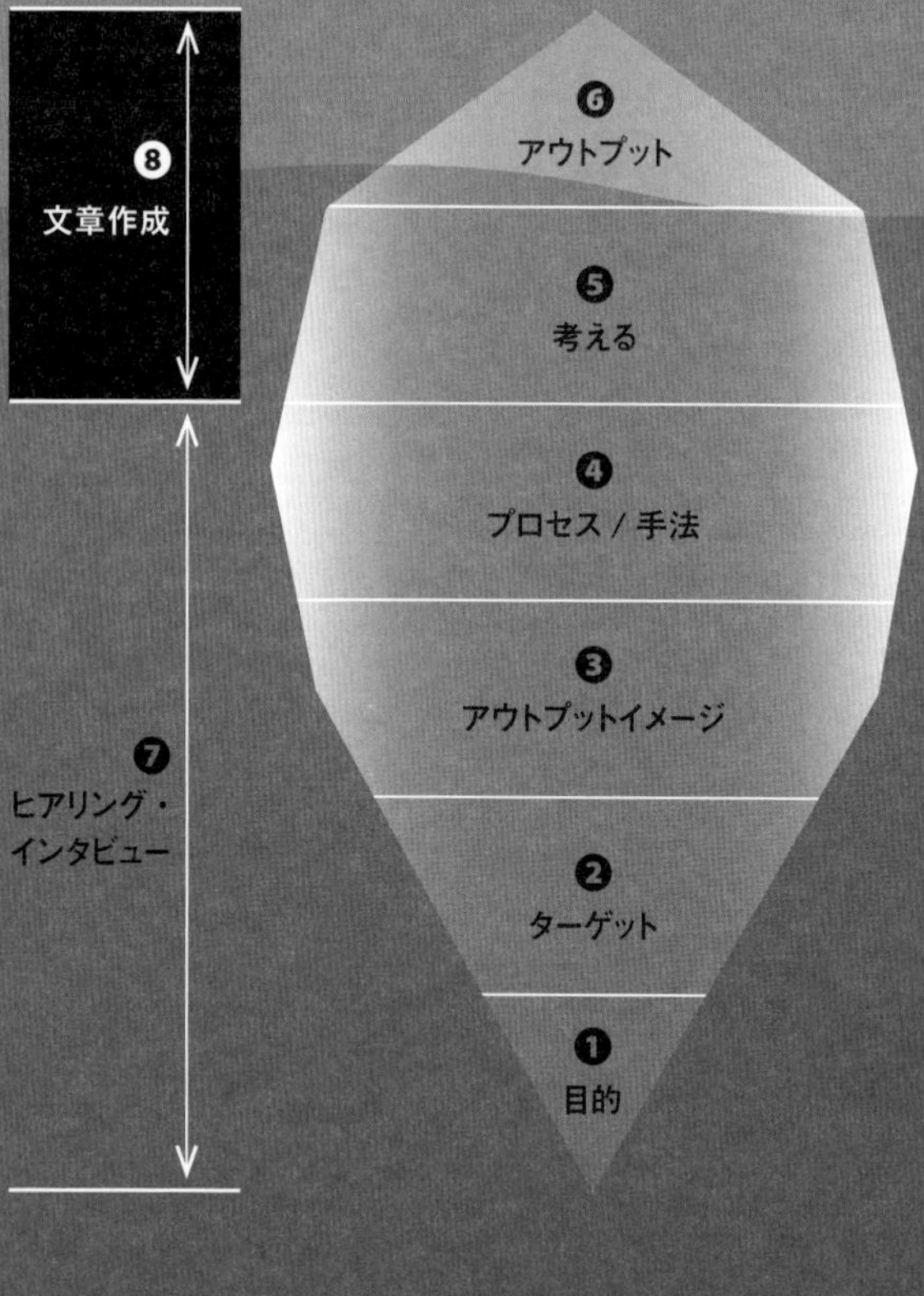

文章は読んでもらえないのが当たり前、読んでもらう工夫を考える

子どもの頃から当たり前のように文章と接してきたからでしょうか、文章は書けば読んでもらえるものだと思って書いている人が少なくない、と私は感じています。

しかし、それは違います。

文章を書く仕事を採用広告の制作からスタートした、という話はすでにしましたが、私がこのとき痛感したのが「文章は簡単には読んではもらえない」ということでした。

採用広告には他の広告にはない特徴があります。それは広告に対する効果がはっきり見えるということです。

当時は週刊の広告誌でしたから、掲載した広告に対して、その後の一週間で何人が応募してきたのか。何人が採用されたのかが数字ではっきりわかるのです。

これは作り手にとっては、かなりのプレッシャーです。

クライアントが支払う広告費は決して安いものではありません。それに対して問い合わせがゼロ、なんてことになってしまったら大変なことになる。

このときに学んだのがエッジの効いた企画を立て、印象的なキャッチフレーズを作り、一気に最後まで読んでもらえるボディコピーを作るという考え方でした。

そうでなければ、どんなに魅力的な会社の内容が書かれていても、読んでもらえないのです。今でもこのときの学びが、私の文章術の基本になっています。

違ういい方をすれば、読者にとってのベネフィット（利益）を常に提示し続けなければ、文章を読み進めてはもらえない、ということ。読むのが大変な読み手に、どうすれば読んでもらえるのか。それをしっかり考えておかなければならないのです。

文章を読むのは大変だということが想像できるようになると、書き手が文章を書くときの意識は大きく変わっていくと私は思っています。

どうすれば読み手の大変さを軽減させられるか。それを考えるようになる。

例えば上司や同僚、取引先にメールを送るとき、相手が読みやすくなるような工夫を少しでもしているでしょうか。

タイトルをしっかりつけ、結論は最初に書き、ロジックを読みたければ下に進んでいけばいいという構成にする。

文字で真っ黒に埋め尽くされた文面ではなく、行替えをしたり、ブロックを分けてできるだけすっきりさせる。

漢字だらけの文章と、そうでない文章とでは、どちらが読み手には読みやすい印象を持たれるでしょうか。漢字とひらがなのバランスはどのくらいがちょうどいいのか、大人の文章として適しているのか、ビジネス雑誌などを意識して見てみるといいと思います。

メールに限らず、文章を書くときに最も大事なことは何か。

それは、きちんと相手に伝わる文章、相手にストレスを与えずに読んでもらえる文章を書くことです。

うまい文章の前に、わかりやすい文章、読みやすい気遣いのある文章が、ビジネス文書では求められると私は思っています。

目的とターゲットがなければ文章も成立しない

仕事の準備ステップで、目的とターゲットを定める重要性についてふれました。

私は文章を書くことを生業としていますが「文章を書いてほしい」とただいわれても、実は書くことはできません。

何のためにその文章を書くのかという目的がなければ、ただ文章を作ることはできないのです。その目的があってこそ、何を書くか、どう書くかの準備ができるのです。

取材の依頼なのか、取引先への新しい取引の提案なのか、励ましのメールなのか、謝りの手紙なのか……。

目的がはっきりしているかどうかで文章に向かう意識も、そのための準備も、まったく違ったものになります。

そんなことは当たり前じゃないかと思われる方も多いかもしれませんが、これが意外にできていないことが多いのです。

そうすると最後まで読んでも、何がいいたいか、わかりにくい文章になってしまう。そういう文章に出会ったことが、少なからずあるのではないでしょうか。

「この文章を書く目的は何なのか」と常に意識する習慣が必要です。それがわかりやすい文章を作る第一歩だと私は思っています。

そしてもうひとつ、重要なのがターゲットです。

その文章を読ませたい相手は誰か。目的を達成するために誰に読ませたいかということ。ターゲットを意識すると、目的のための文章は書きやすくなります。

これも当たり前じゃないかと思われるかもしれませんが、実は簡単ではないのです。

取引先に新しいビジネスの提案書を出す。さて、この提案書は「誰に」向けて書かれるのでしょうか。

取引先の担当者なのか。それともその上司なのか。あるいはプロジェクトの決裁権を持っている人物でしょうか。もしかすると経営トップでしょうか。

ここで想像してみてほしいのは、誰に書くかで文章は変わっていくということです。担当者向けに書くのと、上司に向けたものと、役員に向けたものと、社長に向けたものが、すべて同じ文面でいいのかどうか。同じ添付素材でいいのかどうか。「提案を成立させる」という目的を達成するには、誰に読ませなければならないかというフォーカスが必要になってくる。

それがはっきりしなければ本来、文章は書き始められません。場合によっては失礼な文章を書いてしまいかねない。

逆にいえば、目的とターゲットが定まっていれば、文章は極めて書きやすくなる。ターゲットが絞り込めていればいるほど、相手のことが想像できるわけですから、強いメッセージを送り出すことができます。

文章を書く前に「目的」と「誰か」をはっきりさせることで、メッセージや文章の輪郭は、よりはっきりしたものになっていくのです。

さらに一歩踏み込めば、「誰か」が読む状況まで想像してみる。

メールなら読み手は一日に何十通ものメールを受け取ります。慣用句がずらりと並んだ、誰宛でも大して変わらないような文章を受け取ったら、どんな気持ちになるか。それは「誰か」を想像すれば、イメージできるでしょう。

少なくとも自分にしか書けない言葉、フレーズ、内容が欲しい。そうすることで初めて、相手は数十通のメールの中から、自分のメールを印象に残してくれると思うのです。

メールをいつ送るか。管理職は朝一番にミーティングしていることが多いもの。午前中は実は一番忙しかったりします。そういうことにも気が向かう。ターゲットを意識するからこそ、できることがあるのです。

まずは、話すように書けばいい

これは自分の本で何度も書いているので、すでにご存じの方もいらっしゃると思います。こうして文章を書く仕事をしている私は、かつて文章を書くことが嫌いで苦手だったのでした。

広告の世界に興味があり、コピーライターを志しましたが、それは文章を書くというよりも、言葉を見つける仕事だと思っていたからです。

リクルートで採用広告を作るというキャリアから始まったことが、私の文章へのイメージを変えることになりました。たくさんの素材を集め、いかにうまく整理をして求職者や学生に伝えていくか、というのが採用広告に求められるコピーライティング。

小さなスペースで数十文字のコピーから始まり、やがて数千字の広告、数万字のパンフレットなどの制作を手がけるようになります。この過程でひとつ大きな転機がありました。もともと文章嫌いですから、当初は長い文章にどうしても抵抗があった。千文字くらいの文章でも、四苦八苦、悪戦苦闘という状況が続く時代があったのです。

ところがあるときから、すらすらと文章が書けるようになりました。

それは「文章とは何か」ということに、はっきりと気づけた瞬間でした。文章は伝えたい情報を伝えるための道具だ、ということです。

何かを人に伝えたいと思ったとき、最もシンプルな方法は話して相手に伝えることでしょう。ならば、話すのと同じように文章にしてしまえばいい、ということに気が付いたのです。

子どもの頃から作文は大嫌いでしたが、それがどうしてなのか、このときに気づきました。自分の中に「文章とはこういうもの」という型のようなものがあって、それに沿ったものにしなければならないと思い込んでいたのです。

わかりやすい例なら起承転結の構成。

文章とはこんなふうに展開しなければならないという決まりごと。

ビジネスパーソンなら当たり前のように読む新聞のような厳かで知的な文章……。だからつい肩に力が入って、堅い文章を目指そうとしてしまったりする。新聞レベルの文章を書こうとして、漢字や専門用語を多用した難しい文章になってしまったり、手垢のついた慣用句を使ってしまったりする。

では、起承転結が整った文章や新聞の文章が、本当に読者にわかりやすく伝わりやすいものになっているか。まったくそんなことはないわけです。

肝心なことは情報を伝えること。それができないなら、その道具は使うべきではない。以来、しゃべるように書くということを意識するようになりました。

結果として、一気に文章が書きやすくなりました。文章なら小難しく考えてしまう構成も、話すとしたらどうかで考えると難しいものではありませんでした。

必要な素材をどういう順番で伝えていけば、ターゲットに届きやすいか。それを意識して書いていけばいい。場合によっては具体的なターゲット像を思い浮かべて書くこともあります。まさに目の前で話すように、です。

大事なことは、わかりやすい文章で相手に伝わること。話すように書くというのはその有効な方法なのです。

文章は事実をつむぐもの

文章への苦手意識を払拭できたポイントが、もうひとつありました。

文章を書くのは大変で面倒だ、時間がかかって仕方がないと思い込んでいた理由に気が付いたのです。

それは、文章はひねり出さなければならない、という思い込みでした。

しかし違いました。目的やターゲットがあれば、伝えたい情報ははっきりしています。それはひねり出すものではない。

とりわけ**ビジネス文章では**、求められているのは**「事実」や「数字」「エピソード」**なのです。

書き手がひねり出す文章などではない。具体的な事実こそが、何よりも説得力を増す材料になるのです。

メールであれ、企画書であれ、レポートであれ、いくら「すばらしい」「素敵だ」「かっこいい」と自分の印象や感想をひねり出して書き加えたところで、実は事実の重みはまったく伝わりません。

これは読み手に持ってもらいたい感想であって、それを生み出す事実こそ書くべき内容なのです。

実際のところ、こうした事実や数字、エピソードがたくさん詰まった文章が読み手にとってわかりやすい文章、理解がしやすい文章だと私は思っています。

無理に文章をひねり出す必要などまるでなく、すでにある事実をピックアップし、それを組み替えて、伝えていけばいいのだということ。

企画書でもレポートでもプレゼン資料でも、大事なことは具体的な事実やエピソードを盛り込むことです。

これに気づけば、文章を書く前段階で、意識が大きく変わっていくことになります。

事実や数字、エピソードなど、読み手をそれだけで説得させられるネタにこそ、アンテナが向くようになる。それを探していくようになるのです。

例えば海外出張のレポートを書く。かつての私だったら、真っ先にこんなことが浮かんだでしょう。

「困ったなぁ。物流センターに視察に行ってすごかったんだよな。でも、その感想をどうやって文章にすればいいのか……」

今は悩むことはありません。

要するに「すごかった」と読み手に思ってもらえばいい。すごいと感じた何かがあったはず。それを素直に書けば、読み手にも「すごかったんだな」ということが伝わる。それだけのことなのです。

このとき「巨大な物流センター」と書いてはいけません。それは単なる形容であり、感想だから。

それよりも数字や事実に目を向ける。「真新しいトラック五〇〇台で埋め尽くされた駐車場の向こうには、まるで小学校の校舎のような物流センターが見えた」と書けばどうでしょうか。

すごさは伝わるのではないでしょうか。これが具体的事実です。情景が浮かぶだけの材料です。

こういう素材を集めておく。数字、事実、エピソード。それが、読み手を「すごかった」という自分と同じ感想へと導くことになるのです。

となれば**重要なことは、文章の素材を常に意識しておく**こと。

ここで重要になるのがメモなのです。出張のときのみならず、日常的にどんどんメモを取っておく。このメモが文章を書くときの重要な材料になる。

面白いと思ったことはメモする。後々レポートを書くことを義務づけられている出張などであればなおさら。そうでなかったとしても、メモはあらゆる場面で生きてきます。

私自身、記憶は得意ではないのでメモに頼ります。

思えば職業文章家は、みなメモを持ち歩いています。新聞記者しかり、雑誌記者しかり。それが文章の本質だからなのかもしれません。ビジネスパーソンも、もっと文章を書くためのメモを活用すべきだと思うのです。

報告・提案から、お詫びまで、文章を書く、五つの目的とポイント

文章作るとき、目的ごとにどんなところがポイントになるのか。私なりの見解をお伝えしておこうと思います。

❶ 報告　…一般的には上司への報告がわかりやすいと思います。意識すべきは、報告される側の上司の立場に立ってみることです。

報告に何を期待しているのかを徹底的に想像してみる。

業績報告なら端的にいえば、上司自身が状況を正しく知って安心できるということ

でしょう。

何が起きているのかを把握したい。把握した上で次の手を打ちたい。起きていることをきちんと知って理解したい。

それが**上司にとっての報告を受ける目的**だと思うのです。

となれば必要なことは、すべてをもれなく報告すること。ニュース原稿を書く際によく使われる言葉に「5W1H」がありますが、まさにこれでしょう。

Who（誰が）・What（何を）・When（いつ）・Where（どこで）・Why（どんな目的で）・How（どうやって）。ビジネスの場合は、ここにHow much（いくらで）が加わってもいいと思います。

上司への報告ですから、もったいぶった表現は必要ありません。

5W2Hを説明しやすいように網羅するだけでもいい。箇条書きでも十分だと思います。

重要なことは忙しい上司の時間を奪わない意識をすること。

結論を先に書く、ネガティブな問題は早く伝えることが必須です。

上司のパーソナリティを文書に反映させることも大切です。せっかちな上司なら、短文で的確に。正確さ重視の上司なら丁寧さ第一に。

❷提案　…提案のための文章で大切なのは、**提案内容が読み手にとって、どれだけプラスになるか**が表現されていることです。

提案を行うのはこちらにプラスがあるからです。

それを相手に理解させた上で、それでもやってみよう、買ってみようと思わせるようなベネフィットを、どのくらい相手に伝えられるか。そこまで踏み込んできちんと書くことができるか。

これが足りないことが多い。

自社の製品のスペックをいくら書き連ねても、そこに相手のメリットとの関わりがなければ意味がありません。

相手の立場に立った魅力の出し方をする。相手が気になるような書き方をする。

相手の利益について頭を巡らせ、それを文章にする。これを使えば、相手の売上はどのくらい伸びるかなどです。

そのために**重要なのは相手を知ること**です。**相手の利益をどこまで想像できるか。**

それを文章に落とし込めるかです。

❸広報　…文章が大きな関わりを持つ仕事で、あらゆる仕事、個人的な情報発信にもつながってくるものだと思います。

広く知らせていくという意味の言葉ですが、この考え方にこそ危険が潜んでいます。ただ広く発信しても、誰にとっても漠然とした、意味のない情報発信になってしまいかねないということです。

先にもふれましたが、読み手は簡単には読んでくれません。全員に発信しようとするとどうしても受け手のベネフィットは漠然としたものになってしまうのです。

そこでこちらからターゲットを設定し、セグメント化（年齢・性別・職業・ニーズなど、共通の属性を持っている集団に分ける）してしまう。そうするとより強いメッセージを発信していくことができる。ターゲットに「自分に関係がありそうだ」という文章展開を心掛ける。それをテーマ毎に設定する。

広報とはいいつつも**「誰に」を強く意識する**必要があるということです。

これはSNSなどでの情報発信でも同じだと私は考えています。

漠然とみんなに、ではなく、特定の誰かに書く意識をしてみる。それが印象的な投稿につながるのです。

❹**依頼**　…ビジネスでは、いろいろな場面で依頼やお願いをするケースが出てきます。私も難易度の高い取材の依頼などに、何度も取り組んできました。

「提案」と違って**「依頼」は必ずしも依頼相手にベネフィットが与えられない**場合があります。

ベネフィットが与えられるとしても、他の同業者も同じ立場にあることも多い。提案が対等な立場にあるのに対して、依頼はこちら側が上を向く関係にある。

ここで必要になるのは、ひとえに「思い」だと思っています。

無理難題を何度となくクリアしてしまう人に共通しているのは**思いの強さ**です。どうしても受けてほしいという気持ち。あなたでなければならないという理由。それを熱く書いていくのです。

相手も同じような文章をたくさん受け取っているはずですから、多少スタンダードからはみ出してしまうくらいの大胆な文章や内容のほうが心に響くと思います。

ここで注意すべきは「**自分にしか書けない一言**」を作れるか。これは意外に伝わるものです。

❺お詫び　…まずは真摯に謝ることです。反省の意を示す。その上で何が起きていたのかを正確に語って状況を報告するのです。

お詫びで絶対にしてはならないのは、誤字脱字・いいわけです。

謝罪では事実だけを書くということが重要です。書き手の判断を加えない。そうすることで、状況報告は客観的なものになります。

そして最後に善後策をつける。

今回の反省を踏まえて、どういう対処策を取るのか、検討しているのかということ。明日の話につなげていくことで、ひとつの区切りとするのです。

五つに共通しているのは、とにかく**読み手の立場に立ってみる**こと。**読み手について徹底的に想像する**こと。

文章を書くときには読み手をとことんイメージすることで、見えてくることがたくさんあるのです。

まとめ CHAPTER 8

☑ まず第一に「文章は読んでもらえないもの」と認識する。

☑ 文章にも目的とターゲットが必要。
この文章を書く目的は何なのかを常に意識する習慣を。
もうひとつ重要なのがターゲット。
目的を達成するためには、誰に読ませたいかを意識すると文章は書きやすくなる。

☑ 文章はすでにある事実をつむぐもの。
ビジネス文章で求められるのは、事実・数字・エピソード。
具体的な事実こそが、何よりも説得力を増す材料。

☑ ビジネス文章には大きく分けて五つの目的がある。
❶報告 ❷提案 ❸広報 ❹依頼 ❺お詫び
である。

EPILOGUE

うまくいく人は心得が違う

「やらされ仕事」に取り組む姿勢が成功のカギ

私は幸いなことに、たくさんの成功者にインタビューする機会に恵まれました。彼らはなぜ仕事で成功することができたのか。

そこには多くの共通項がありました。その一つが、仕事に向き合う心得だったと私は感じています。これも準備力という範疇に入ってくると思います。どんな心得で仕事に取り組むか、ということです。

あまり面白そうにない資料作成を上司に命じられてしまった。

希望していない営業職に配属になってしまった。

お客さまの要望で残業して対応をしなければならなくなった。

こういうことはよくあるものです。問題はそのときにどう対応するかです。

「こんな書類作成つまらない」と思いながら作ったインターネットに関する資料が、上司の期待を上回るものとして出てくるはずがないでしょう。

「本当は営業の仕事なんかしたくなかった」と思っている営業マンから家を買いたいという人は現れないでしょう。

「なんで残業までしてこんなことをしなければならないのか」と思いながらの仕事で、お客さまがハッとするような気持ちのいい顧客対応ができるはずがない。

うまくいく人たちはそんなふうには考えないのです。

つまらないと思っている仕事は本当につまらないのか。もしかしたら勝手に自分がつまらないと思い込んでいるだけなのではないか。せっかくやらせてもらうことになった資料づくり、楽しんでしまうことにしよう……。

間違いなくいえることは、やらされ仕事だと思いながら仕事をして、いい仕事ができるはずがないということです。

仕事を頼んだ上司の立場に立ってみてください。

お願いしたら、ふてくされて嫌々仕事をしている部下と、どんな仕事も楽しんでしまおうと面白そうに仕事をしている部下と、どっちに仕事を積極的にお願いしたいと考えるでしょうか。何かあったとき、どっちがいい仕事をしてくれると考えるでしょう。チャンスはどっちにたくさんやってくるか。

実際、すべての仕事はつながっています。

ポジションがどんどん上がっていけば、いろんな仕事を見なければならない立場になる。そのとき「上司としてやりたくない仕事だから」で済むでしょうか。

むしろ、やりたくない仕事だったけれど、やってみたら思ってもみない発見をするかもしれない。やりたい仕事に大きく生きる経験ができるかもしれない。

会社では突発事態がよく起こるものです。

「どうして自分だけが」とイライラしながら対処するか「こういうときこそ役に立とう」と思って一生懸命にやるか。周囲にはどんなふうに映るでしょうか。お客さまからはどう見えるでしょうか。

周囲の人たちというのは、本当によく人のことを見ています。そういう小さな態度の一つひとつが、未来に大きくつながっていくことを認識しておく必要があります。日頃の行いが、実は未来を決めているともいえるのです。

多くの成功者がこんなふうに語っていました。

「人生に無駄な経験は何ひとつない」

逆にいえばどんな経験も無駄にしないような生き方をしてきたことが、成功につながったといえるのかもしれません。

もし本意でない状況になったとき、やらされ仕事を依頼者から振られたとき、この話をぜひ、思い出してほしいと思います。

多くの人がやらされ仕事にしてしまうからこそ、そうでない人は重宝される。

そういう人がチャンスを手に入れていくのです。

アイデアは対話で作っていく、その環境づくりは周囲への感謝から

アイデアを考えるというと、孤独に何かを考えなければならないのではないか、というイメージを持っている人もいます。しかし実際には、必ずしもそういうわけではありません。

ある有名なアーティストに話を聞いたときです。芸術分野でさまざまな著名な作品をたくさん作っている人でした。

こういう人はきっと天才肌のアイデアマンで、ポンポンとアイデアを出していくのではないかと私は思っていました。

尋ねてみると「まったく違う」という返答が返ってきたのです。

彼のアイデアの作り方は、数人のスタッフとディスカッションをする、というものでした。いろんな角度から話をしていると、思ってもみなかったキーワードが出てきたり、過去のエピソードを思い出したり、ハッとするようなイメージが浮かんできたりする。

彼は「アイデアの源泉となるものは、実は脳の中にはたくさんあるのだ」といっていました。それを一人で引っ張り出してくることは簡単なことではない。そこで人と対話をするのだ、と。

対話の内容が何かのトリガーとなって、脳の奥底にあるアイデアの源泉を引っ張ってきてくれる。自分一人では出せなかったアイデアが対話によって引き出せる。

これは、ビジネスの世界でも同じだと思いました。一人でうなって出てくるアイデアなど、たかが知れているということです。

それよりも、仲間と、同僚と、どんどんディスカッションして、アイデアを作っていく。みんなでひとつの仕事をレベルの高いものにしていくのです。

その意味でも重要な心得があります。それは一人で仕事をしているわけではないことをしっかり理解する、ということです。うまくいく人たちは、間違いなく、これができています。

セールスのような成績が個人でつくような仕事であっても、実は一人で仕事をしているわけではない。不在時に電話を取ってくれるなど同僚のサポート。いい商品を開発してくれるチームの存在。商品をスムーズに納品してくれる部門があったりする。上司の存在が、お客さまへの大きな安心感につながっているかもしれない。

トップセールスマンたちにもたくさん取材しましたが「一人で仕事をやってきたわけではまったくありません。いろんな人のサポートがあってこそ、今の自分があるんです」と謙虚な姿勢を持っている人が少なくありませんでした。

周囲の人への感謝の気持ちを持っていると、そのことに周囲は気づいていきます。そうなれば「もっと応援してあげよう」ということになる。ますます業績がよくなっていく。好循環がやってくるのです。

大事なことは、周囲の人たちにお世話になっているのだということをきちんと認識すること。そのことに感謝することです。それは周囲にきちんと伝わります。

成果ではなく納得を追う。目標は自分で作る

あるトップセールスマンにインタビューをしていて、興味深い話を聞きました。もちろん営業成績は極めて素晴らしい。しかし、意外なことに成果を追いかけることはない、というのです。

では何を追いかけているのかというと、自分が納得できる仕事ができたかどうか。成果より納得を追いかけているというのです。

成果には多分に運の要素があるからだと彼は語っていました。

前任者が何年もかけて少しずつ大きな案件を進めていたお客さまを引き継いだ。これだけでも大きな結果が出てしまう。それは自分が手がけた成果ではないわけです。

数字だけを追いかけてしまうと、こういうことには気づけなくなる。とにかく数字さえ取れればいいんだろうとばかりに無理をしてしまうようなことにもなりかねない。短期的に数字は取れても、長期的にお客さまの信頼を失ってしまったとしたら、果たしてそれは本当に成果といえるのかどうか。

会社を急成長させたある経営者は、一切目標を作りませんでした。目標を作った瞬間に、目標を追いかけることがゴールになってしまうから。本来はお客さまに喜んでもらうことが事業の目的だったはずが、数字を追求することが目的になってしまう。

そうすると決算時期に合わせて、無理なセールをして、無理矢理に数字を作るようなことが起こり得る。だから目標は作らなかった。

ではどうやって経営をしていたのかというと、目の前にあることをとにかく一生懸命やるということでした。そうしていれば未来は勝手に拓けていくのだというのです。

実際、この会社は急激な成長を遂げることになりました。そして同時に、幾度も大きな転機も迎えていました。

なぜ目の前のことをやっているだけで転機が迎えられたのかというと、課題が見つかるからです。

目の前のことに取り組んでいると、必ず何かの課題が見つかる。それをクリアしていくことが転機を生み出していったのです。

私がこの話に強烈に共感したのは、私自身も同じ考えを持っていたからです。目標を持たない。未来の自分をイメージしたりしない。ただひたすら目の前の求められていることを懸命にやる。そうすると、それが次につながっていく。

私の場合、一〇年前にはこうして今、本を書いていることを想像すらしていませんでした。目の前のことを懸命にやっていたら、自然にいろいろなチャンスに出合うことができ、やがて本を出すようになっていたのでした。

ただ、会社にいれば目標を持たなければならないケースは少なくないでしょう。セールスに限らず、自分の目標を問われる組織は多い。

この話に関連して、ひとつ大事なことがあると語っていた別のトップセールスマンがいました。

それは、会社から与えられた目標にとらわれてはならない、ということです。

彼自身、目標は会社のものとは別に自分で打ち立てていました。自分なりの状況を分析し、このくらいの成長を遂げたいというものを自分で作っていたのです。

会社から与えられた目標を追いかけていると、やらされ目標になりかねないと彼はいっていました。

人に提示された、やらされ目標を追いかけるのはしんどい。

しかし自分で作った目標は違う。誰かから無理に押しつけられたものではなく自分がやってみたいと思った目標は、心から達成したいと思う目標になる。だから頑張れるのだというのです。

それを自然に追いかけているうちに、彼はやがて会社の目標を上回るようになってしまったのです。

成果ではなく納得を追う。目の前をことを一生懸命にやる。与えられた目標とは別に自分の目標を持つ。意識してみてもらえたらと思います。

日常を大事にする。正しいことをする

大事なとき、特別なとき、本番のときさえうまくいけば、それでいいと考えている人がいます。しかしそうはいかないものです。特別なときにも結局、出てきてしまうのはいつもの自分。だから日常を大事にしているのだと語っていた俳優がいました。

彼は将軍役を長くドラマで演じる中で「将軍たるものという気持ちを常に持ち続けよ」と師匠にアドバイスをされたのだそうです。彼はそれを素直に受け入れました。

安い居酒屋で酒を飲んだりしない。若い頃から無理をして超高級レストランやクラブに出掛けました。しかもスタッフを引きつれてです。

同じようなことを語っていた成功者は少なくありませんでした。

日常が大切だということです。礼儀正しい態度を心掛ける。相手を気遣う。相手の立場を常に想像する。謙虚さを意識する。規則正しい生活を送る。時間を守る。寛容の精神を持つ……。小学校で教えられるような基本的なことを日頃からきっちりやることこそ大事だと。

そして重要なことは、家族の前でも、友人の前でも、顧客の前でも、同僚の前でも、上司の前でも態度が変わらないこと。そういうことができる人は意外に少ないのです。

もうひとつ、これも成功者の多くから感じられたことでした。それは、正しいことをする、ということです。きれいごとのように思えるかもしれませんが、きれいごとをバカにするようなセリフに取材で出合ったことはありませんでした。実際、行動の原則は正しいことをすることだ、と語っていた成功者は少なくありません。

時には利益を度外視してでも、やるべきことを貫く。先約があったなら、もっといい話が後から来たとしても、先約を大事にする。嘘をつかない、騙さない。不正はしない、受け付けない。自分のミスは素直に認め、他人のせいにしたりしない。判断に迷ったときは、正しいと思えるほうを選ぶ。相手のミスや不幸につけこまない……。

そんなことはないだろう、人はもっとずるい生き物だと感じる人もおられるかもしれません。たしかに中には、これと違うことを平気でやってしまう人もいる。結果として大きな成果を手に入れたり、大きな利益を手に入れる人もいます。

しかしそれは長続きしないはずです。なぜなら多くの人から称賛されることではないから。そういうことをしている人に、ついていこうと思わないから。

たとえ成果や利益を得たとしても、いずれはその代償を別の形で払わなければいけなくなる可能性は高いと思います。

多くの成功者に会って感じるのは、「ああ、試され続けてきた人たちなんだな」という思いでした。

何かがうまくいけば、そこで正しくない行動の誘惑が押し寄せてくるのです。高いポジションを得れば、権力を正しくない形で行使したい誘惑が出てくる。お金の問題、人事の問題、取引の誘惑。そういうときに謙虚に正しいことを貫けるかどうか。

ポジションが上がれば上がるほど、その誘惑は大きなものになっていきます。しかしそこに飲み込まれてしまったら、そこまでの人物だったということになります。もう次のステージはないのです。試され続けたときに正しい思いを続けてきた人だけが、ポジションを獲得し続けることができる。成功し続けることができるのです。

自分のために仕事をしない

仕事や人生をテーマに、成功者にたくさんインタビューをしてきた私ですが、ひとつの素朴な疑問がありました。「なぜこの人たちは仕事で成功することができたのか」ということです。やがて、たくさんの成功者の仕事観を聞くうちに「もしかしてこれは根本的なスタートラインが違うのではないか」ということに気づきました。

ほとんどの人にとって仕事は、生活に必要なお金を稼ぐための手段であり、自分の能力を発揮する場、自己実現の場であり、社会的な所属欲求を満たす場です。

もちろん成功者にも、こうした感覚がないわけではない。しかし、それ以上に大きかったのは「誰かのために役に立てるか」という視点でした。

仕事について多くの人は自分視点で考えています。ところが成功者の多くは相手視点で考えていた。常に仕事の受け手から発想していたのです。

この仕事はどんな人の役に立てるのか。その人はどんなことを考えているのか。どんなことを課題としていて、どんな悩み、困りごとを持っているのか。それに対して、自分は何ができるのか。何をすれば、最も役に立てるか。喜んでもらえるか……。

その視線が圧倒的に強かった。

自分のためではなく、その誰かのための仕事をしようとしていました。だから相手から支持され、結果を出すことができるのです。相手から受け入れられるのです。

もうひとつ素朴な疑問がありました。成功者の中には、巨額の資産を手にしている人がたくさんいたのです。もうあえて仕事をする必要などない。一生のんびり遊んで暮らしていくことだってできたのです。

ところが誰よりも一生懸命に働いているのです。寸暇を惜しみ、休みもないほどに猛烈に働いている。なぜか。目的が違うからです。

お金を稼ぎ一生のんびり遊んで暮らすために、彼らは仕事をしていたわけではない。

では何かというと、世の中の役に立つためです。自分が提供できる何かで誰かを喜ばせることができる。これが、彼らの仕事の目的なのです。そうでなければとっくに引退しています。

大きな家が欲しい、車が欲しい、ピアノが欲しい、といった欲望を「夢」と呼ぶならば、よりたくさんの誰かの役に立つことを「志」と呼んでいいと思います。夢と志は、似て非なるものです。

多くの成功者は夢を追いかけているのではなく、志を追いかけていたのです。志のもとには多くの賛同者が現れます。たくさんの人を幸せにできる可能性があるからです。誰かの小さな夢を果たすための仕事には、残念ながら、そうはならない。自分のためだけに働いている人を、いったい誰が応援しようと思うでしょうか。

自分のためだけの仕事をしないことです。誰かの役に立つことを考えることです。準備でも、アウトプットでも、依頼者の、さらには本当のターゲットに喜んでもらうことを考えることです。

そういう意識は、きっとあなたの仕事を変えていきます。そういう人のもとに、大きな成果が、結果が、成功が訪れるのです。

おわりに

一人でフリーランスとして仕事を始めたとき、私の中には猛烈な恐怖感と不安感がありました。食べていくことができるかどうかは、この先、仕事を獲得できるかどうかにかかってきます。

一つひとつの仕事は、まさに生きるか死ぬかの生命線でした。そこでダメなヤツだと烙印を押されるか。それとも、また次も発注してやろうと思ってもらえるか。

幸いなことに、以来二〇数年にわたって仕事をやってくることができたのは、自分なりに仕事というものに真剣に向き合ったからだと思っています。そこで大きな一助をもらったのが、何度も書いている成功者の方々へのインタビューでした。

猛烈な緊張感の中でたくさんの仕事をし、膨大な量の情報に接していくプロセスで、次第に気づいていったことがありました。それは、実は大切なことはシンプルだ、ということです。言葉を換えれば、本質です。

私は何をやるにしても、本質はどこにあるのか、ということに注意するようになりました。文字通り、それを外してしまうことが、仕事そのものを外してしまうことになるからです。

そして仕事の本質を追究していくプロセスで、絶対に陥ってはならない仕事の罠があることを知りました。それが、手段と目的を間違える、ということです。

例えば、こうして私は文章を書いているわけですが、先にも少しふれた通り、文章を書くことそのものは、目的ではありません。目的は、読者のみなさんに情報を伝えることです。その意味で、文章を書くことは手段なのです。もっといえば、文章は単なる情報伝達のツールに過ぎないのです。

実のところ、情報を伝えることも目的といえないかもしれません。なぜなら、ただ伝えても意味はないから。その情報が読者のみなさんの役に立ったり、読者のみなさんを幸せにしたりしたとき、初めて私の仕事は完遂したことになるのだと思うのです。

これは、あらゆる仕事にいえることです。セールスの仕事は、実は手段なのです。目的は、商品を使ってユーザーが幸せになること。経理の仕事も手段です。会社を数字で把握していくための情報を整理し、社員や投資家に有効に使ってもらうこと。

ところが多くのケースで、仕事は働く人にとって、目的化してしまいます。それ自体をコンプリートすることに、一生懸命になってしまう。その結果として、ある人にとっては手応えのないものになり、ある人にとってはつまらないものになり、ある人にとってはやらされ仕事になってしまう。

仕事そのものが目的になったり、働くことそのものが目的になってしまうと、こういうことが起きてしまうのです。

あらゆる仕事は本来、世の中にしっかりつながっているのです。仕事は手段であり、目的は別にあるということです。このことに気づけるかどうかで、仕事人生はまったく違うものになっていくと私は思っています。

その意味で、準備もまた手段です。これ自体が目的化してはならない。準備力を鍛えることは、世の中の役に立つ力を鍛えることに他ならない、ということを最後に付け加えておきたいと思います。

いい仕事をしたいと願う、多くのビジネスパーソンに、本書が少しでもお役に立てますことを。

二〇一六年四月

上阪　徹

【著者紹介】

上阪 徹（うえさか・とおる）

1966年兵庫県生まれ。89年早稲田大学商学部卒。リクルート・グループなどを経て、フリーランスのライターとして独立。経営、経済、就職など最先端のビジネス現場から、トップランナーたちの仕事論をわかりやすく伝えるインタビュー、執筆を得意とする。取材相手は3000人を超え、自らが聞き出した成功者のエッセンスを伝える講演活動も行う。

著書に『ビジネスマンのための 新しい童話の読みかた』（飛鳥新社）、『成城石井はなぜ安くないのに選ばれるのか？』（あさ出版）、『職業、ブックライター。』（講談社）、『成功者3000人の言葉』（飛鳥新社）、『リブセンス』（日経BP）など。他の著者の本を取材して書き上げるブックライター作品も60冊以上に。累計40万部のベストセラーになった『プロ論。』など、インタビュー集も多数。

公式ウェブサイト　http://uesakatoru.com

装丁・トレース：山田知子／chichols（チコルズ）

やり直し・差し戻しをなくす
できる人の準備力

2016年4月27日 第1刷発行

著　者 ── 上阪 徹
発行者 ── 徳留 慶太郎
発行所 ── 株式会社すばる舎
〒170-0013 東京都豊島区東池袋3-9-7 東池袋織本ビル
TEL　03-3981-8651（代表）03-3981-0767（営業部直通）
FAX　03-3981-8638
URL　http://www.subarusya.jp/
振替　00140-7-116563
印　刷 ── 株式会社シナノ

落丁・乱丁本はお取り替えいたします

ISBN978-4-7991-0510-8